KB186527

Pride and Prejudice

오만과 편견

오만과 편견

First edition: May 2011

TEL (02)2000-0515 | FAX (02)2271-0172
ISBN 978-89-17-23787-0

YBM Reading Library 는 ...

쉬운 영어로 문학 작품을 즐기면서 영어 실력을 크게 향상시킬 수 있도록 개발된 독해력 완성 프로젝트입니다. 전 세계 어린이와 청소년들에게 재미와 감동을 주는 세계의 명작을 이제 영어로 읽으세요. 원작에 보다 가까이 다가가는 재미와 명작의 깊이를 느낄 수 있을 거예요.

350 단어에서 1800 단어까지 6단계로 나누어져 있어 초·중·고 어느 수준에서나 자신이 좋아하는 스토리를 골라 읽을 수 있고, 눈에 쉽게 들어오는 기본 문장을 바탕으로 활용도가 높고 세련된 영어 표현을 구사하기 때문에 쉽게 읽으면서 영어의 맛을 느낄 수 있습니다. 상세한 해설과 흥미로운 학습 정보, 퀴즈 등이 곳곳에 숨어 있어 학습 효과를 더욱 높일 수 있습니다.

이야기의 분위기를 멋지게 재현해 주는 삽화를 보면서 재미있는 이야기를 읽고, 전문 성우들의 박진감 있는 연기로 스토리를 반복해서 듣다 보면 리스닝 실력까지 크게 향상됩니다.

세계의 명작을 읽는 재미와 영어 실력 완성의 기쁨을 마음껏 맛보고 싶다면, YBM Reading Library와 함께 지금 출발하세요!

YBM Reading Library

책을 읽기 전에 가볍게 워밍업을 한 다음, 재미있게 스토리를 읽고, 다 읽고 난 후 주요 구문과 리스닝까지 꼭꼭 다지는 3단계 리딩 전략! YBM Reading Library, 이렇게 활용 하세요.

Before the Story

People in the Story

스토리에 들어가기 전,
등장인물과 만나며 이야기의
분위기를 느껴 보세요~

In the Story

★ 스토리

재미있는 스토리를 읽어요. 잘 모른다고
멈추지 마세요. 한 페이지, 또는 한 chapter를
끝까지 읽으면서 흐름을 파악하세요.

★★ 단어 및 구문 설명

어려운 단어나 문장을 마주쳤을 때,
그 뜻이 알고 싶다면 여기를 보세요.
나중에 꼭 외우는 것은 기본이죠.

The evening passed pleasantly and Mrs. Bennet was delighted with the attention Jane received from Bingley.

"Oh, Mr. Bennet!" she said when they arrived home, "Mr. Bingley danced with Jane twice. Twice! He danced with all the others only once. And he is so handsome and his sisters are charming women. But his friend, Mr. Darcy, is a conceited and disagreeable man. Everybody says so! And he insulted Lizzy. Oh, I detest the man."

When Jane and Elizabeth were alone, Jane said how much she admired Bingley.

★ "I was flattered and surprised when he asked me for a second dance."

"I wasn't surprised," said Elizabeth, "and you shouldn't be. You were the prettiest woman there. He seems amiable enough and I'm happy that you like him. You have liked many sillier people."

"Lizzy!"

"Oh, Jane, you think everyone is good. And you never see a fault in anybody." [1]

★ ★ 1 **see a fault in** ···에게서 단점을 보다
And you never see a fault in anybody.
그리고 언니는 절대로 다른 사람에게서 단점을 보지 않는다니까.

24 • Pride and Prejudice

★★★ 돌발 퀴즈

스토리를 잘 파악하고
있는지 궁금하면 돌발 퀴즈로
잠깐 확인해 보세요.

Mini-Lesson
너무나 중요해서 그냥 지나칠 수 없는
알짜 구문은 별도로 깊이 있게 배워요.

Check-up Time!
한 chapter를 다 읽은 후 어휘, 구문,
summary까지 확실하게 다져요.

Focus on Background
작품 뒤에 숨겨져 있는 흥미로운 이야기를
읽으세요. 상식까지 풍부해집니다.

After the Story

Reading X-File 이야기 속에 등장했던
주요 구문을 재미있는 설명과 함께 다시 한번~

Listening X-File 영어 발음과 리스닝 실력을 함께
다져 주는 중요한 발음법칙을 살펴봐요.

❓ What did Mrs. Bennet say about Darcy?
a. He was amiable and silly.
b. He was handsome and charming.
c. He was conceited and disagreeable.

☐ be delighted with …을 기뻐하다
☐ charming 매력적인
☐ disagreeable 불쾌한, 싫은
☐ insult 모욕하다
☐ detest 혐오하다, 몹시 싫어하다
☐ be flattered 기뻐하다, 우쭐해지다

MP3 Files
www.ybmbooksam.com에서 다운로드 하세요!

– YBM Reading Library –

이제 아름다운 이야기가
시작됩니다

Pride and Prejudice

Jane Austen (1775 ~ 1817)

제인 오스틴은 …

영국 남부의 작은 마을 스티븐튼(Steventon)
에서 목사의 딸로 태어났다. 당시의 보통 소녀
들보다 좋은 교육을 받았던 제인 오스틴은 일
찍부터 문학 작품을 많이 접했고, 성장하여 옥
스포드 대학에서 수학하였다. 14세에 소설을 습
작하기 시작하여 21세에 본격적으로 집필 활동에
들어간 그녀는 첫 소설 〈첫인상(First Impression)〉
을 출판사에 보냈다가 거절당했지만, 이것이 그녀의 대표작인 〈오만과
편견(Pride and Prejudice)〉의 모태가 되었다.

연인과의 결혼이 무산된 후 일생을 독신으로 살면서 창작혼을 불태웠던 그
녀는 1811년 〈이성과 감성(Sense and Sensibility)〉을 시작으로 〈오만
과 편견〉, 〈맨스필드 파크(Mansfield Park)〉, 〈엠마(Emma)〉, 〈노생거
사원(Northanger Abbey)〉 등의 걸작을 차례로 집필하였는데, 〈설득
(Persuasion)〉을 탈고할 즈음 건강이 악화되어 1817년 42세의 나이로
짧은 생을 마감하였다.

특유의 재치 있는 문체로 인간의 허위 의식과 당대의 물질주의적 세태를 날
카롭게 비판했던 제인 오스틴은 영국 최고의 여류 작가로 평가 받고 있다.

Pride and Prejudice

오만과 편견은 …

제인 오스틴의 대표작으로, 물질주의적 결혼관이 만연했던 18세기 영국 귀
족 사회에서 진실된 사랑을 추구했던 청춘 남녀의 모습을 재치 있게 그려낸
수작이다.

개성 넘치는 베넷 자매들이 사는 하트퍼드셔. 이곳에 부유한 귀족 빙리와 다
아시가 등장하면서 자매들은 예상치 못했던 애정 관계에 빠져들게 된다. 제
인은 마음씨 좋은 빙리와 사랑에 빠지지만 오만한 다아시는 제인을 인정하
지 않고 둘을 떼어 놓는다. 첫인상만으로 다아시를 불쾌하게 생각하던 엘리
자베스는 이 사실을 알고 그의 깜짝 청혼을 보기 좋게
거절한다. 그러나 리디아가 저지른 사랑의 도피 행
각을 계기로 다아시와 엘리자베스는 각자의 오만
함과 편견을 뉘우치며 제인·빙리 커플과 함께
사랑의 결실을 맺게 된다.

탁월한 심리 묘사와 살아 숨쉬는 듯한 인물
들로 공감을 불러 일으키는 〈오만과 편견〉
은 다수의 드라마와 영화로 제작되어
오늘날에도 변함 없는 인기를 누리
며 시대를 초월한 명작으로 사랑 받
고 있다.

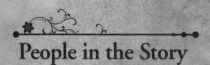

People in the Story

Bingley
부유한 귀족. 겸손하고 다정하지만 우유부단하여 제인과의 결혼에 어려움을 겪는다.

Jane
베넷 자매 중 첫째. 탁월한 미모와 착한 심성으로 단번에 빙리의 마음을 사로잡는다.

Mr. Bennet
베넷 가의 가장. 지적이지만 냉소적이어서 늘 부인의 신경을 건드린다.

Darcy
부유한 상류층 귀족. 자존심이 세고 오만하지만 따뜻하고 진실된 내면을 지녔다.

Mrs. Bennet
베넷 씨의 부인. 딸들에게 걸맞은 배필을 찾아 주는 것이 인생의 목표다.

Elizabeth
베넷 자매 중 둘째. 재치 있고 영리하지만 자신의 판단을 과신하여 다아시에게 편견을 갖는다.

Kitty
베넷 자매 중 넷째.
리디아와 마찬가지로
행실이 방정하지 못
하다.

Mary
베넷 자매 중 셋째.
자신이 피아노와 노래에
재주가 있다고 믿는다.

Wickham
젊고 매력적인 장교.
겉모습과 달리 사람들이
모르는 어두운 비밀이 있다.

Lydia
베넷 자매 중 막내. 자유
분방한 행동으로 집안의
명예를 추락시킨다.

Mr. Collins
젊은 성직자. 우스꽝스러운
말투와 행동으로 사람들에게
비웃음을 산다.

Charlotte
엘리자베스의 단짝 친구.
현실적인 결혼관을 지녀
과감하게 콜린스를
선택한다.

a Beautiful Invitation
– YBM Reading Library

Pride and Prejudice

Jane Austen

A Suitable Match
적당한 배필

It is a truth universally acknowledged that a single man with a large fortune must have a wife. Although little may be known of such a man's feelings when he first enters a neighborhood, this truth is very clear to his new neighbors. They perceive of him as the [1] rightful future husband of one of their daughters.

In a country house in rural Hertfordshire, lived the Bennets and their five daughters, Jane, Elizabeth, Mary, Kitty and Lydia. Mr. Bennet was a reserved, quick-witted and somewhat sarcastic man.

- □ universally 보편적으로, 일반적으로
- □ acknowledged 인정된
- □ fortune 재산, 재물
- □ clear 명백한, 분명한
- □ rightful 걸맞은, 어울리는
- □ rural 시골의, 전원의
- □ reserved 말수가 적은
- □ quick-witted 재치 있는, 눈치 빠른

- □ somewhat 약간, 다소
- □ sarcastic 빈정대는, 냉소적인
- □ opposite 정반대
- □ highly strung 몹시 신경질적인
- □ intelligent 지적인, 이해력이 있는
- □ common sense 상식, 사리분별
- □ single-minded 일편단심인
- □ secure 얻다, 확보하다

His wife was his exact opposite. She was highly strung, not very intelligent and had little common sense. She had however, one single-minded goal in life: to secure a suitable husband for each of her daughters.

1 **perceive of A as B** A를 B로 여기다(인식하다)
They perceive of him as the rightful future husband of one of their daughters.
사람들은 그를 자신의 딸들 중 하나에 걸맞은 장래 신랑감으로 여긴다.

One day, Mrs. Bennet arrived home in a state of great excitement. She had heard that Netherfield Park, a large estate nearby, had at last been let to a new tenant.

"His name is Bingley," she said to her husband. "He is single, with a fortune of five thousand pounds a year. What a fine thing for our girls! He will probably fall in love with one of them, so you must visit him!"

"There's no reason for me to visit him," said ☀ Mr. Bennet, "but you and the girls should go. I will write to give my permission for him to marry whichever of my daughters he chooses, although I will put in a good word for Lizzy." [1]

"You will not!" said Mrs. Bennet sharply. "Lizzy is neither as beautiful as Jane nor half as cheerful as [2] Lydia, although she is your favorite."

- □ in a state of …한 상태로
- □ estate 사유지, 소유지
- □ be let to …에게 임대되다
- □ tenant 세입자
- □ a(an)+단위 …마다, 당(= per)
- □ fall in love with …에게 반하다, …와 사랑에 빠지다 (fall-fell-fallen)
- □ give one's permission for + 목적어(A)+to+동사원형(B) A가 B하는 것을 허락하다
- □ whichever of …중 누구(무엇이)든

- □ sharply 날카롭게, 격하게
- □ favorite 총애하는 사람
- □ recommend 매력적으로 만들다
- □ ignorant 무식한, 무지한
- □ have a quick intelligence 이해가 빠르다, 영리하다
- □ abuse 욕하다, 매도하다
- □ irritate 짜증나게(화나게) 하다
- □ have no compassion for …을 가엾게 여기지 않다
- □ nerves 신경과민증

"None of them have much to recommend them," he replied. "They are all silly and ignorant like other girls, but Lizzy has a somewhat quicker intelligence than her sisters."

"Mr. Bennet, how *can* you abuse your own children in such a way?" cried Mrs. Bennet. "You take delight in [3] irritating me. You have no compassion for my poor nerves."

---

1 **put in a good word for** …을 추천하다
I will put in a good word for Lizzy.
난 리지를 추천할 거요.

2 **neither A nor B** A도 B도 아닌
Lizzy is neither as beautiful as Jane nor half as cheerful as Lydia.
리지는 제인만큼 예쁘지도 리디아 반만큼 명랑하지도 않아요.

3 **take delight in ...ing** …하는 것을 즐기다
You take delight in irritating me.
당신은 날 짜증나게 하는 것을 즐기는군요.

Mini-Less☀n

to 부정사의 의미상의 주어
to 부정사의 주어가 문장 전체의 주어와 일치하지 않을 때는 to 부정사 앞에 「for +
명사(대명사)」를 써서 to 부정사의 주어를 밝혀준답니다.

- There's no reason for me to visit him.   내가 그를 방문할 이유가 없소.
- It will be impossible for us to invite them.   우리가 그들을 초청하는 건 불가능할 거예요.

"You mistake me, my dear. I have a great respect for your nerves. They are my old friends. I have heard you mention them endlessly these last twenty years or more," said Mr. Bennet.

"You don't know what I suffer!" said Mrs. Bennet.

"I'm sure you will get over it and live to see many ¹ more wealthy young men come into the neighborhood."

"It will be useless to us if twenty such men come,* since it will be impossible for us to visit them if you do not," said Mrs. Bennet petulantly. 이때 if는 '…라면'이 아니라 even if의 의미인 '…라고 해도, …일지라도'로 쓰였어요.

□ **mistake** 오해하다
  (mistake-mistook-mistaken)
□ **have a great respect for** …을
  대단히 존중하다
□ **suffer** (고통 · 슬픔)을 겪다
□ **get over** …을 극복하다
□ **useless** 쓸모없는, 소용없는
□ **petulantly** 성내며, 토라지며
□ **assure + 목적어(A) + that절(B)**
  A에게 B를 확신(납득)시키다

□ **have no intention of ...ing**
  …할 의사가 없다
□ **call on** …을 방문하다
□ **delight in ...ing** …하기를 즐기다
□ **tease** (짓궂게) 괴롭히다, 놀리다
□ **inform** 알리다, 통지하다
□ **until afterward** 나중에까지
□ **upcoming** 다가오는, 곧 열리는
□ **ball** 무도회
□ **anticipation** 기대, 희망

---

1 **동사(A) + to 부정사(B)** (결과) A해서 B하게 되다
  I'm sure you will get over it and live to see many more wealthy
  young men come into the neighborhood.
  나는 당신이 그것을 극복하고 살아서 더 많은 부유한 청년들이 이웃으로 오는 것을 보게
  되리라고 확신하오.

"My dear," said Mr. Bennet,
"you may be sure that when
there are twenty, I will
visit them all."

Although Mr. Bennet
continued to assure
her that he had no
intention of calling on
Mr. Bingley, he was one
of the first visitors to
Netherfield. He delighted
in teasing his wife and did
not inform her and his

daughters until afterward. When he said that they
would meet Mr. Bingley at the upcoming ball in
Meryton, Mrs. Bennet and their daughters waited
with growing anticipation.

Mini-Less☀n

조건 · 양보 · 때를 나타내는 부사절의 시제

It will be useless to us if twenty such men come. '그런 남자들이
스무 명이 온다고 해도 우리에겐 소용없을 거예요.'에서 if절에 현재 시제인 come을
쓴 것은 조건과 양보, 때를 나타내는 부사절에서는 미래 시제 대신 현재 시제를 쓰기 때문이에요.
• I will walk you to the station when you leave. 네가 떠날 때 내가 역까지 걸어서 배웅해 줄게.

- □ attendee 참석자
- □ be assembled 모이다, 집합하다
- □ brother-in-law 매형, 처남, 동서
- □ well mannered 예의 바른, 점잖은
- □ good humored 사근사근한, 상냥한
- □ make a ... impression …한 인상을 남기다(주다)
- □ rumored 소문난
- □ A and B alike A도 B도

- □ admire 동경하다, 찬미하다
- □ manners 예의범절
- □ earn the disgust of …을 정떨어지게 〔역겹게〕 하다
- □ make the acquaintance of …와 아는 사이가 되다
- □ amiable 붙임성 있는, 상냥한
- □ in contrast 그에 반해서, 그와 대조적으로
- □ conceited 자만심이 강한, 우쭐한

On the evening of the ball, the Bennets and most of the other attendees were already assembled when Mr. Bingley arrived. With him were his two sisters, his brother-in-law, and another young man who was staying with him at Netherfield. Mr. Bingley was good looking and well mannered. His sisters were attractive, fashionable women and his brother-in-law was good humored. But it was his friend, Mr. Darcy, [1] who made the greatest impression. He was tall and handsome with a rumored income of ten thousand pounds a year. Everyone, women and men alike, admired him for about half the evening, until his manners earned the disgust of all.

Mr. Bingley quickly made the acquaintance of the important people in the room. He was lively and amiable, danced every dance, and talked about giving a ball at Netherfield very soon. In contrast, his friend danced only with Bingley's sisters and refused to be introduced to any other lady. People noticed this and thought him proud and conceited.

---

[1] **it was ... who ~** (강조) ~한 사람은 다름아닌 …였다
But it was his friend, Mr. Darcy, who made the greatest impression.
그러나 가장 큰 인상을 남긴 사람은 다름아닌 그의 친구 다아시 씨였다.

During the evening, Elizabeth Bennet was watching the dancers when she overheard a conversation between Darcy and Bingley.

"Come, Darcy," said Bingley, "I hate to see you standing alone like this. You must dance."

"Certainly not," said Darcy. "You know I detest dancing unless I am acquainted with my partner and there is no one here that I care to meet. Apart from your sisters, there is only one attractive woman in the room and you are dancing with her."

He looked directly at Jane Bennet as he spoke.

"Oh, yes! Miss Jane Bennet is the most beautiful creature I have ever beheld," said Bingley. "But one of her sisters is sitting behind you and she's very pretty and pleasant."

□ overhear (상대방 모르게) 우연히 듣다
　(overhear - overheard - overheard)
□ Certainly not 안 됩니다, 당치 않아요
□ detest ...ing …라면 질색하다
□ be acquainted with …와 아는 사이다
□ care to + 동사원형 관심을 가지고 …하다
□ apart from …외에
□ creature (보통 형용사와 함께) 사람
□ behold 보다 (behold - beheld - beheld)

□ pleasant 상냥한, 싹싹한
□ tolerable 웬만한, 나쁘지 않은
□ tempt 끌리게 하다
□ had('d) better + 동사원형 …하는 편이 낫다
□ walk off 가버리다, 떠나다
□ personality 성격
□ ridiculous 우스운, 터무니없는

"Who do you mean?"
said Darcy, turning around
and looking at Elizabeth. "Oh, she's tolerable, but not
attractive enough to tempt me. You'd better return to
your partner because you're wasting your time with me."

Bingley followed his advice and Darcy walked off.
Elizabeth thought he was rude, but she laughed as she
repeated the conversation to her friends and family.
She had a lively personality and delighted in anything
ridiculous.

The evening passed pleasantly and Mrs. Bennet was delighted with the attention Jane received from Bingley.

"Oh, Mr. Bennet!" she said when they arrived home, "Mr. Bingley danced with Jane twice. Twice! He danced with all the others only once. And he is so handsome and his sisters are charming women. But his friend, Mr. Darcy, is a conceited and disagreeable man. Everybody says so! And he insulted Lizzy. Oh, I detest the man."

When Jane and Elizabeth were alone, Jane said how much she admired Bingley.

"I was flattered and surprised when he asked me for a second dance."

"I wasn't surprised," said Elizabeth, "and you shouldn't be. You were the prettiest woman there. He seems amiable enough and I'm happy that you like him. You have liked many sillier people."

"Lizzy!"

"Oh, Jane, you think everyone is good. And you never see a fault in anybody." [1]

---

1 **see a fault in** …에게서 단점을 보다
And you never see a fault in anybody.
그리고 언니는 절대로 다른 사람한테서 단점을 보지 않는다니까.

? What did Mrs. Bennet say about Darcy?
a. He was amiable and silly.
b. He was handsome and charming.
c. He was conceited and disagreeable.

정답 C

□ be delighted with ···을 기뻐하다
□ charming 매력적인
□ disagreeable 불쾌한, 싫은

□ insult 모욕하다
□ detest 혐오하다, 몹시 싫어하다
□ be flattered 기뻐하다, 우쭐해지다

Each time Bingley met Jane after that, it was clear
that he admired her. And Elizabeth could see that Jane,
although she hid her feelings, was falling in love.
Elizabeth mentioned this to her best friend, Charlotte
Lucas.

"But if she hides her feelings he might lose interest,"
said Charlotte. "Men need to be encouraged
to love."

"Perhaps Jane isn't sure of
her own feelings," said
Elizabeth. "She has
known him for only
two weeks and that
is not long enough
for her to
understand his
character."

❓ Jane had known
Bingley for _____
weeks. OM! 묻요

"I wish Jane success," said Charlotte, "but happiness [1] in marriage is a matter of chance. If she married him tomorrow, she would have the same chance of happiness as she would if she studied him for a year. ☀ There's plenty of time after the wedding to learn about your spouse's faults."

"You make me laugh, Charlotte," said Elizabeth. "Your reasoning is flawed and you know it. You would never act that way yourself!"

☐ encourage + 목적어(A) + to + 동사원형(B)
　 A가 B하도록 격려하다
☐ character 성격
☐ matter of chance 운수소관

☐ spouse 배우자, 남편, 아내
☐ reasoning 추론, 추리
☐ flawed 허점〔결함〕이 있는

---

1 wish + 간접목적어(A) + 직접목적어(B) A의 B를 바라다〔기원하다〕
　I wish Jane success. 나는 제인의 성공을 바래.

Mini-Less☀n

반복되는 구문의 생략

영어는 반복되는 것을 피하려는 경향이 있어요. If she married him tomorrow, she would have the same chance of happiness as she would if she studied him for a year.(제인이 빙리 씨와 내일 결혼해서 행복해질 확률이나 일 년 동안 살펴본 후에 행복해질 확률이나 같아.)에서 as she would 뒤에 have the chance of happiness가 반복을 피하기 위해 생략되었답니다.

• To me life is misery and to you (life is) pleasure.
　나에게는 삶이 고통이고 너에게는 (삶이) 기쁨이다.

Check-up Time!

● **WORDS**

퍼즐의 빈칸에 들어갈 알맞은 철자를 써서 단어를 완성하세요.

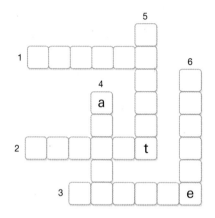

Across

1. 배우자
2. 모욕하다
3. 얻다, 확보하다

Down

4. 욕하다, 매도하다
5. 세입자
6. 사유지, 소유지

● **STRUCTURE**

It〔it〕이 보기와 같은 뜻으로 쓰인 문장을 고르세요.

> <u>It</u> was his friend who made the greatest impression.

a. I have lost my key and I can't find <u>it</u>.

b. <u>It</u> was difficult to find who broke the window.

c. As <u>it</u> grew dark, I hurried back to my home.

d. <u>It</u> was my sister who overheard their conversation.

본문의 내용과 일치하면 T에, 일치하지 않으면 F에 표시하세요.

		T	F
1	Mr. Bennet didn't visit Bingley before the ball.	☐	☐
2	Darcy detested dancing when he was not acquainted with his partner.	☐	☐
3	Mrs. Bennet was highly strung and had little common sense.	☐	☐
4	Darcy was rude so Elizabeth refused to dance with him.	☐	☐

● SUMMARY

빈칸에 맞는 말을 골라 이야기를 완성하세요.

The Bennets and their five daughters lived in Hertfordshire. One day, a wealthy, single man named Bingley moved into the neighborhood. Mrs. Bennet wanted one of her daughters to (　　) him. At the ball, he danced twice with the eldest daughter, (　　), and the Bennet family was happy to find that he had a good character while his friend, Darcy made a bad impression by (　　) their second eldest daughter, (　　).

a. Jane
b. Elizabeth
c. insulting
d. marry

CHAPTER 2

A Growing Admiration

커져 가는 흠모

While Elizabeth was occupied with the romance between Jane and Bingley, she did not notice Darcy's increasing interest in her. It had happened to him gradually. No sooner had he told his friends that she ☀ was not pretty than he began to find her face intelligent and expressive. Her personality was playful and engaging and her figure, although not perfect, was slender and pleasing.

At a party one evening, he was watching the dancing and thinking about Elizabeth when Caroline Bingley came up to him.

"You're thinking that these people are boring," she said. "Am I right?"

□ be occupied with ⋯에 여념이 없다
□ increasing 커지는, 증가하는
□ expressive 표정이 풍부한
□ playful 명랑한, 장난기 많은
□ engaging 호감이 가는
□ figure 몸매, 자태

□ slender 날씬한, 호리호리한
□ pleasing 기분 좋은, 만족스러운
□ come up to ⋯에게 다가오다
□ meditate on ⋯을 곰곰이 생각하다
□ great jump 대단한 비약
□ with indifference 무관심하게, 냉담하게

"No," replied Darcy. "I was meditating on the great pleasure to be found in a pretty woman's beautiful eyes."

"Who are you thinking of?"

"Elizabeth Bennet," he replied.

"Elizabeth Bennet!" she cried. "I'm shocked. When will you marry her?"

"Like all women, your imagination goes too far too quickly," he said. "It's a great jump from admiration to love, and from love to marriage."

"But I believe you are serious," said Caroline. "And Mrs. Bennet will, of course, be a charming mother-in-law. Indeed, she will always be at Pemberley with you."

Darcy listened with perfect indifference as Caroline continued her sarcastic comments about the Bennets.

Mini-Lesson

No sooner ... than ~ : …하자마자 ~했다

'…하자마자 ~했다'라는 표현을 하고 싶을 때는 「No sooner had + 주어 + p.p. + than + 주어 + 과거형 동사」를 쓰는데요. 강조를 위해 no sooner가 문두에 오면서 어순이 도치되었다는 것도 기억해 두세요.

- No sooner had he told his friends that she was not pretty than he began to find her face intelligent and expressive. 그가 자신의 친구들에게 그녀가 예쁘지 않다고 말하자마자 그녀의 얼굴이 지적이고 표정이 풍부하다는 것을 알아차리기 시작했다.
- No sooner had Tom gone to bed than he fell asleep. 톰은 잠자리에 들자마자 잠들었다.

A few days later, a note arrived for Jane from Bingley's sisters inviting her to dine with them. It would be an evening without the company of men as Bingley and Darcy would be dining in town with the officers.

Jane asked her mother for use of the carriage.

"Oh, no," said Mrs. Bennet, looking at the cloudy sky. "Go on horseback. It will rain today and you will have to stay the night."

It began raining soon after Jane left and continued raining all night. Jane did not come home. The next morning, a servant from Netherfield brought a note from her. She was ill and waiting in bed for the doctor to come.

Mr. Bennet teased his wife.

"If Jane dies, it's your fault for sending her away to impress Mr. Bingley."

"Oh! People do not die of little colds!" said Mrs. Bennet angrily.

Elizabeth was worried about Jane and wished to see her, but she was not a confident rider so she set off to walk to Netherfield. She crossed field after field and jumped over fences and puddles.

When she arrived at Netherfield, she had mud on her stockings and the hem of her skirt. No one was more surprised to see her than Caroline Bingley. Not only was she shocked by the state of Elizabeth's mud-splattered clothes but also by her arrival on foot and unaccompanied.*

The doctor came and ordered Jane to remain in bed, so Elizabeth was invited to stay and help care for her. A servant was sent to inform the Bennets.

★ 당시 귀족 여인들은 동반자 없이
혼자 여행하는 일이 드물었고
외출 시에는 마차를 타는 것이 관례였어요.

□ without the company of …와 함께하지 않은
□ on horseback 말을 타고
□ stay the night 하룻밤 묵다
□ it's one's fault for ...ing …한 것은 ~의 잘못이다
□ impress …에게 깊은 인상을 주다
□ die of (병·노령)으로 죽다
□ confident rider 말 타는 데 자신 있는 사람

□ set off to + 동사원형 …하기 시작하다
□ field after field 들판을 연이어
□ hem (천·옷의) 가장자리, 옷단
□ not only A but (also) B A뿐 아니라 B도
□ mud-splattered 진흙투성이인
□ unaccompanied 동행인이 없는
□ invite + 목적어(A) + to + 동사원형(B) A에게 B하자고 초대하다(청하다)
□ care for …을 돌보다

Two days later, Jane felt well enough to leave her room for a while after dinner. Bingley was full of joy to see her so improved. He fussed over her, sat next to her and hardly spoke to anyone else for the entire evening.

Darcy read and Elizabeth did some sewing while Caroline sat next to Darcy pretending to read. After a while, Caroline threw down her book and began walking up and down the room. Soon, she invited Elizabeth to join her. Although Elizabeth was surprised, she agreed.

But when Caroline asked Darcy if he would walk with them, he refused. He said that there were two reasons why he could not join them. Caroline asked Elizabeth if she could guess what those reasons were.

"No," said Elizabeth, "but the best way to disappoint him is not to ask him."

Caroline, who did not want to disappoint Darcy, asked him to explain.

or 뒤에는 you are walking together가 생략되었는데요, 이는 반복을 피하기 위해서랍니다.

"Either you are walking together because you have [1] secrets to tell each other, or* because you know that your figures look better when you are walking. If I join you, I will inhibit your sharing of secrets. And if you wish me to admire your figures, I can do so more easily while I am sitting here," said Darcy.

- ☐ be full of joy 기쁨으로 가득하다
- ☐ improved 나아진
- ☐ fuss over ···에게 지나칠 정도의 관심을 보이다
- ☐ do sewing 자수를 놓다
- ☐ pretend to + 동사원형 ···하는 척하다
- ☐ throw down ···을 내려 놓다 (throw-threw-thrown)
- ☐ disappoint 실망시키다
- ☐ inhibit 방해하다, 제지하다

---

1 **either A or B** A거나 아니면 B
Either you are walking together because you have secrets to tell each other, or because you know that your figures look better when you are walking.
두 분이 서로에게 말할 비밀이 있기 때문에 함께 걷는 것이거나, 아니면 걸을 때 두 분의 자태가 더 멋져 보이는 것을 두 분은 알기 때문에 함께 걷는 것이지요.

"How shocking!" cried Caroline. "How shall we punish him, Miss Bennet?" _{영국 영어에서는 have가 '가지다'의 뜻일 때 의문문에서} _{조동사 does를 쓰지 않고 Has he …?로 하기도 한답니다.}

"You know him," said Elizabeth, "so you must know how to tease him. Has he no faults?"

"Of course I have faults," said Darcy. "But all my life I have tried to avoid faults that invite ridicule."

"Faults such as vanity and pride?" asked Elizabeth.

"Yes, vanity is a fault," said Darcy. "But pride, where [1] there is a superiority of mind, will always be well controlled."

Elizabeth tried not to laugh and said, "Then you have no defects at all?"

"I didn't say that," responded Darcy. "I have several faults. I'm too serious and I do not easily forgive the follies and vices of others or their offences against me. My good opinion, once lost, is lost forever."

"That is a serious failing!" cried Elizabeth. "To be so unforgiving is a serious weakness of character but unfortunately, it's not funny, so I can't tease you."

"I believe everyone has some defect in their character which not even the best education can overcome," said Darcy.

★ 여기서 some은 수나 양을 나타내는 '약간의'라는 뜻이 아니라 '어떤, 무슨'이라는 뜻으로 쓰였어요.
★★ everyone을 대명사로 받을 때에는 they로 받는답니다.

"And your defect is a tendency to hate everybody," said Elizabeth.

"And yours," he replied with a smile, "is willfully to misunderstand them."

"Let's have some music!" cried Caroline, who was jealous of their conversation.

Darcy was relieved when the music started and the conversation ended. He began to sense the danger of paying Elizabeth too much attention and knew he [2] should be careful when talking to her.

□ **fault** 결점, 단점(= defect, failing, weakness)
□ **invite** 초래하다, 가져오다
□ **ridicule** 비웃음, 조롱
□ **such as** …와 같은
□ **vanity** 허영, 자만
□ **superiority** 탁월, 우월
□ **no ... at all** 어떠한(조금의) …도 없는
□ **folly** 어리석은 행동(생각)
□ **vice** 부도덕, 악덕

□ **offence** 모욕, 무례
□ **unforgiving** 용서하지 않는
□ **overcome** 극복하다, 넘어서다
   (overcome - overcame - overcome)
□ **tendency** 성향, 버릇
□ **willfully** 의도적으로
□ **misunderstand** 오해하다
□ **be jealous of** …을 질투하다
□ **be relieved** 안도하다
□ **sense** 느끼다, 감지하다

---

[1] **where** …인 경우에
   But pride, where there is a superiority of mind, will always be well controlled. 그렇지만 오만은 지성이 탁월한 경우에 언제나 잘 통제되죠.

[2] **pay ... too much attention** …에게 지나치게 관심을 갖다
   He began to sense the danger of paying Elizabeth too much attention and knew he should be careful when talking to her.
   다아시는 엘리자베스에게 지나치게 관심을 갖는 것의 위험을 느끼기 시작했고 그녀에게 말할 때 조심해야된다는 것을 깨달았다.

The next day, Jane was so much better that she decided to leave Netherfield. Despite Bingley's concern and sorrow, he reluctantly called for his carriage to take them home. To Darcy, their departure was welcome news, for he found Elizabeth's constant presence in the house very disturbing and thought that she had been at Netherfield long enough.

Jane and Elizabeth arrived home just as a letter was delivered to Mr. Bennet from his cousin, Mr. Collins. He was a young clergyman who, because Mr. Bennet had no sons, would inherit Longbourn when Mr. Bennet died. This state of affairs had engendered some resentment in Mrs. Bennet. She would be left homeless and penniless along with her daughters, if her husband were to die before her.

Mr. Collins wrote that he would visit them for a few days and wished to make amends to Mr. Bennet's [1] daughters for the conditions of his inheritance. The Bennets were puzzled by the letter but Mrs. Bennet was impressed by his offer to help her daughters.

(?) Who would inherit Longbourn when Mr. Bennet died?
L a. Mrs. Bennet   b. Jane   c. Mr. Collins   정답 c

□ despite ⋯에도 불구하고
□ concern 걱정, 근심
□ reluctantly 마지못해
□ call for ⋯을 부르다
□ constant 지속적인
□ presence (특정한 곳에) 있음
□ disturbing (마음을) 어지럽히는, 뒤숭숭하게 하는
□ clergyman 성직자
□ inherit 물려받다, 상속하다
□ state of affairs 사태, 형세

□ engender A in B B에게 A가 생기게 하다
□ resentment 분노, 분개
□ penniless 무일푼의, 빈털터리의
□ along with ⋯와 함께
□ inheritance 상속, 계승
□ be puzzled by ⋯로 어리둥절하다

1 **make amends to A for B** A에게 B에 대해 보상하다

Mr. Collins wished to make amends to Mr. Bennet's daughters for the conditions of his inheritance.
콜린스 씨는 베넷 씨의 딸들에게 자신의 상속 규정에 대해 보상하고 싶었다.

Mr. Collins arrived a few days later and was received with great politeness by the whole family. He was an overweight, somewhat pompous man with very formal manners.

He had recently been appointed clergyman of the Hunsford parish and given a house and land by his patroness, Lady* Catherine de Burgh, of Kent. And, now that he had a stable income, Lady Catherine insisted [1] that he should find a suitable wife.

★ Lady는 영국에서 귀족이나 기사의
부인과 딸의 이름 앞에 쓰는 경칭이에요.

At dinner, Mr. Collins complimented the beauty of the Bennet sisters and the excellence of the dinner. Then he made many delicate and extraordinary compliments about Lady Catherine de Burgh.

Mr. Bennet told Mr. Collins that he was very skilled at compliments.

☐ be received with great politeness
크게 공대를 받다
☐ pompous 점잔 빼는
☐ formal 격식 차린
☐ be appointed (to be) …로 임명되다
☐ parish 교구(종교 상의 구역)
☐ patroness (여자) 후원자
☐ now that 이제 …이므로
☐ stable 안정된, 고정된
☐ compliment …에 대해 칭찬하다; 칭찬

☐ make a compliment about
…에 대해 칭찬하다
☐ delicate 섬세한, 고운
☐ extraordinary 훌륭한, 멋진
☐ be skilled at …에 능숙하다
☐ spontaneously 즉흥적으로
☐ exceptionally 매우, 유별나게
☐ incessant 끊임없는, 쉴새 없는
☐ bore 지루하게 하다
☐ be engaged to …와 약혼하다

"Do you think of them spontaneously, or do you study them?" he teased.

"I often practice compliments when I am alone," said Mr. Collins in a serious voice. "But I try to make them appear as natural as possible."

Mr. Bennet thought Mr. Collins was exceptionally silly, so he continued teasing him and before long, Mr. Collins's incessant talk about his patroness bored them all. But later when Mrs. Bennet learned that Mr. Collins wanted to marry one of her daughters, she was delighted and encouraged him to propose to Elizabeth since she expected Jane to be engaged to Mr. Bingley soon.

---

1 **insist that** + 주어(A) + (should) + 동사원형(B) A가 B해야 한다고 주장하다
Lady Catherine insisted that he should find a suitable wife.
캐더린 부인은 그가 자신에게 어울리는 아내를 찾아야 한다고 주장했다.

Later that day, Mr. Collins took a walk into Meryton with his cousins. The two younger girls were excited by the prospect of meeting up with some of the [1] officers they knew from the regiment stationed there. As they walked, Mr. Collins talked endlessly and the girls were soon bored, although they appeared to listen politely.

When they reached Meryton, Kitty and Lydia immediately shifted their attention from Mr. Collins to their quest for an officer to flirt with. Before long, they saw an officer they knew walking with a handsome young gentleman. They approached the officer and begged for an introduction, which was quickly accomplished. The gentleman's name was Mr. Wickham and he had a good figure and a very pleasing voice.

□ meet up with ⋯와 (우연히) 만나다
□ regiment (군사) 연대
□ station 주둔시키다
□ shift 바꾸다, 옮기다
□ quest for ⋯의 탐색, 탐구
□ flirt with (이성)과 시시덕거리다
□ beg for ⋯을 청하다, 애원하다
□ have a good figure 몸매가 좋다
□ chat 담소를 나누다
　(chat-chatted-chatted)

□ ask after ⋯의 안부를 묻다
□ bow (남자가) 모자를 벗고 인사하다
□ catch sight of ⋯을 흘긋 보다
　(catch-caught-caught)
□ nod (끄덕여) 인사하다
□ curtly 짧게, 퉁명스럽게
□ possibly (의문문에서 can과 함께)
　과연
□ ride off (말을 타고) 가버리다
　(ride-rode-ridden)

They were standing together chatting amiably when they saw Bingley and Darcy riding toward them down the street. Bingley was happy to see them and asked after Jane's health. Darcy bowed and was trying not to stare at Elizabeth when he caught sight of Wickham, who noticed Darcy at the same time. Elizabeth saw both men's faces turn pale before they nodded curtly to each other. Elizabeth was curious and wondered what it could possibly mean. Moments later, Bingley and Darcy rode off.

❓ Who asked after Jane's health?
L a. Bingley　　b. Darcy　 정답은

1　**by the prospect of ...ing**　…한다는 기대(가능성)에
The two younger girls were excited by the prospect of meeting up with some of the officers.
어린 두 동생들은 장교들을 만날 수 있다는 기대에 들떠 있었다.

Check-up Time!

● **WORDS**

빈칸에 알맞은 단어를 고르세요.

1 He was a young clergyman who would _____ Longbourn when Mr. Bennet died.
   a. station   b. inherit   c. overcome

2 Darcy found Elizabeth's constant _____ in the house very disturbing.
   a. presence   b. tendency   c. parish

3 Her figure, although not perfect, was _____ and pleasing.
   a. playful   b. unforgiving   c. slender

● **STRUCTURE**

괄호 안의 단어를 어법에 맞게 배열해 문장을 완성하세요.

1 _____ _____ _____ _____ left home than he began to run for the station to catch the train.
   (sooner, he, no, had)

2 He made _____ _____ _____ _____ the conditions of his inheritance. (for, them, to, amends)

3 The girls were excited _____ _____ _____ _____ meeting up with some of the officers.
   (the, of, by, prospect)

● COMPREHENSION

다음은 누가 한 말일까요? 기호를 써넣으세요.

a.

Darcy

b.

Mr. Collins

c.

Elizabeth

1 "Your defect is a tendency to hate everybody." _____

2 "I often practice compliments when I am alone." _____

3 "Your defect is willfully to misunderstand them." _____

● SUMMARY

빈칸에 맞는 말을 골라 이야기를 완성하세요.

(   ) was invited to dinner at Netherfield. She went on horseback and she got cold because of the rain. Later when she got better, (   ) reluctantly let her go home. A few days later, Mr. Bennet's cousin, (   ) visited, hoping to marry one of Mr. Bennet's daughters. Mr. Collins and the Bennet sisters walked to Meryton and met a charming officer named Wickham. They also met Darcy and Bingley, and Elizabeth noticed the cold greeting between (   ) and Wickham.

a. Mr. Collins   b. Darcy   c. Jane   d. Bingley

ANSWERS

Comprehension | 1. c   2. b   3. a   Summary | c, d, a, b

A Scandalous Secret

불명예스러운 비밀

The next evening, the Bennet sisters and Mr. Collins were invited to dinner and a card game at a friend's house. Elizabeth was very happy to see that Wickham had also been invited and she felt even happier when [1] he sat beside her while the others played cards.

"You probably noticed the very cold greeting between Darcy and me yesterday," he said. "Do you know him well?"

"As much as I want to," said Elizabeth. "I think he's very disagreeable."

"I'm surprised. Most people are impressed by his wealth and his manners. But I've known Darcy intimately since we were children. His father was a great man and when my own father died, Darcy's father promised to help me. In his will, he left me money, land, and a position in the church, but Darcy gave it to another man."

"I'm shocked!" said Elizabeth. "How could such a proud man act so despicably?"

"It's true that his pride affects everything he does," said Wickham. "He's proud of his family name and uses his wealth and position to help the poor, but ² sometimes he is motivated by other feelings, like hate."

Just then, they heard Mr. Collins loudly complimenting Lady Catherine de Burgh. Wickham told Elizabeth that Lady Catherine was Darcy's aunt.

"Her daughter will inherit a large fortune," he added, "and Lady Catherine expects her to marry Darcy."

The card game ended, and Wickham began to mingle with the other guests. Elizabeth had learned a great deal from their conversation and could think of little else.

□ intimately 친밀히, 직접적으로
□ will 유언장
□ position 지위, (높은) 신분
□ despicably 비열하게, 치사하게
□ affect ⋯에 영향을 미치다
□ be motivated by ⋯에 자극 받다
□ hate 미움, 증오
□ mingle with ⋯와 어울리다

1 **even (far, much, a lot) + 비교급** 더욱 더 ⋯한
Elizabeth was very happy to see that Wickham had also been invited and she felt even happier when he sat beside her while the others played cards. 엘리자베스는 위컴도 초대된 것을 알고 매우 기뻤고 다른 사람들은 카드놀이를 하고 있는데 위컴이 자신의 곁에 앉자 더욱 더 기뻤다.

2 **the + 형용사** ⋯한 사람들
He's proud of his family name and uses his wealth and position to help the poor. 그는 가문의 이름에 자부심을 가지고 있으며 자신의 재산과 지위를 이용해서 가난한 사람들을 돕지요.

Three days later, Bingley hosted a ball at Netherfield. Elizabeth arrived in high spirits, hoping to spend time with Wickham, only to find that he was not [1] there. Lydia made inquiries among the officers and discovered that Wickham had declined Bingley's invitation because he had business in town.

"I don't imagine he would have declined the invitation if he had not wished to avoid being in the company of Mr. Darcy," thought Elizabeth.

❓ Elizabeth hoped to spend time with _____.
  a. Darcy   b. Wickham

This made her angry and she decided not to speak to Darcy at all, but she was not naturally bad tempered and soon cheered up when she saw Charlotte.

She quickly pointed out Mr. Collins to Charlotte and [2] told her everything she knew about his odd character. Moments later, Mr. Collins approached and requested the first two dances with Elizabeth. He was an awkward and earnest partner, who often made the wrong moves without being aware of it. This embarrassed Elizabeth and she was delighted to escape when the second dance ended.

- □ host 주최하다
- □ in high spirits 신이 나서, 활기차게
- □ make an inquiry 묻다, 조사하다
- □ decline 거절하다
- □ bad tempered 성미가 까다로운
- □ odd 별난, 이상한

- □ request 신청하다, 요청하다
- □ awkward (동작이) 어색한
- □ earnest 진지한, 열심인
- □ be aware of …을 알아채다
- □ embarrass 난처하게 하다
- □ escape 벗어나다, 면하다

---

1 **only to + 동사원형** (어떤 일에 뒤따른 실망을 표현) …하지만 (그 결과는) ~할 뿐
Elizabeth arrived in high spirits, hoping to spend time with Wickham, only to find that he was not there.
엘리자베스는 위컴과 시간을 보낼 것을 기대하며 신이 나서 도착했지만, 그가 그곳에 없다는 것을 알게 되었을 뿐이다.

2 **point out A to B** B에게 A를 가리키다
She quickly pointed out Mr. Collins to Charlotte and told her everything she knew about his odd character.
그녀는 재빨리 샬롯에게 콜린스 씨를 가리키며 자신이 알고 있는 그의 별난 성격에 대해 모두 일러 주었다.

Elizabeth was in conversation with Charlotte when Darcy suddenly appeared and asked her to dance. This took her so much by surprise that, without thinking, [1] she agreed. He was an excellent dancer, but they did not speak a word to each other for several minutes. Finally, Elizabeth told Darcy how she had met Wickham.

"Wickham is very good at making friends," said Darcy. "He is not good at keeping them."

"He was certainly unlucky to lose your friendship," said Elizabeth. "He will suffer for his whole life because of that."

Darcy did not reply and when the dance finished they parted from each other in silence.

□ be good at ...ing …하는 데 능숙하다
□ part from …와 헤어지다
□ blush red 얼굴이 새빨개지다
□ with shame 창피하여, 부끄러워서

□ embarrassment 당혹감, 난처함
□ giggle 낄낄 웃다
□ make a ... speech …한 연설을 하다
□ embarrassing 당황(무안)케 하는

1 **take ... by surprise** …을 깜짝 놀라게 하다
This took her so much by surprise that, without thinking, she agreed. 그의 행동이 그녀를 너무나 깜짝 놀라게 해서 그녀는 생각지도 않고 허락해 버렸다.

2 **insist on ...ing** …하기를 고집하다
Mary insisted on playing the piano and singing.
메리는 피아노 치고 노래 부르기를 고집했다.

During supper, Mrs. Bennet loudly told those around her that Jane and Bingley would be married soon. Elizabeth blushed red with shame. Her embarrassment continued after supper when her sister Mary insisted on playing ^{2} the piano and singing. Mary did not sing or play well but she believed that she did. Kitty and Lydia ran about the large rooms, giggling and flirting with the officers and talking loudly. Then Mr. Collins made a long, stupid speech about his work in the church. It seemed to Elizabeth that her family was trying to be as embarrassing as possible.

The next morning, Mr. Collins asked Mrs. Bennet for permission to speak to Elizabeth alone. Elizabeth's face went red with shock because she instinctively knew what this meant.

Mrs. Bennet said, "Oh, yes, of course. I'll leave you alone."

"Please, mother," cried Elizabeth. "Don't go! I'll come with you."

"You will stay and listen to Mr. Collins!" said Mrs. Bennet and she left the room.

"My dear Elizabeth," began Mr. Collins. "Lady Catherine told me that a respectable man needs a wife. I chose you as my future wife soon after I came to this house. And it doesn't matter to me that you are poor."

□ with shock 충격으로
□ instinctively 직관적으로
□ leave ... alone ⋯을 방해하지 않고 내버려 두다
□ respectable 훌륭한, 존경할 만한
□ choose A as B A를 B로 선택하다 (choose - chose - chosen)

□ matter 문제가 되다, 중요하다
□ offer 청혼, 구혼
□ reject 거절하다
□ smug 잘난 체하는
□ pursue 따라다니다
□ firmly 단호하게

1 **take place** 거행되다
I hope that our marriage will take place soon.
전 우리의 결혼식이 곧 거행되기를 바랍니다.

"Thank you for your offer, but I cannot accept," said Elizabeth, politely.

"I know that young ladies often reject a first offer of marriage," said Mr. Collins with a smug smile. "They sometimes refuse two or three times in order to encourage the man to pursue them. I hope that our marriage will take place soon." [1]

"Please listen to me!" said Elizabeth, firmly. "I refuse your offer. I could not make you happy and you could not make me happy."

Elizabeth left the room and, a few minutes later, she was called to her father's library. Her parents were waiting for her.

"I hear that you have refused Mr. Collins's proposal," said Mr. Bennet. "Is it true?"

"Yes," replied Elizabeth.

"And, Mrs. Bennet, you insist that she accept the proposal?" said Mr. Bennet.

"Yes, or I will never see her again!" replied Mrs. Bennet in a shrill voice.

"You have a difficult choice, Elizabeth," said Mr. Bennet, calmly. "Your mother will never see you again if you do not marry Mr. Collins. And I will never see you again if you do." *

"Thank you, father," said Elizabeth with a sigh of relief.

"What do you mean, Mr. Bennet?" cried his wife. "You promised you would insist that she marry him!"

"You misunderstood me, my dear," said her husband. "I said no such thing. Now, if you don't mind, I would be pleased to have the library to myself for the rest of the morning."

And with that, Mr. Bennet ended all further discussion on the subject.

□ proposal 청혼, 구혼
□ shrill (목소리 등이) 날카로운
□ with a sigh of relief 안도의 한숨을 내쉬며
□ no such thing 그런 일은 …아니다

□ have ... to oneself …을 독점 하다, 혼자서만 쓰다
□ further 그 이상의
□ discussion on …에 대한 논의
□ subject 문제, 화제

Mini-Lesson

대동사 do

Your mother will never see you again if you do not marry Mr. Collins. And I will never see you again if you do.에서 if you do의 do는 앞에 나온 동사의 반복을 피하기 위해 쓰인 대동사로 여기서는 marry 대신 쓰였답니다.

• I know more about the matter than she does.
  난 그 문제에 대해서 그녀가 아는 것보다 더 많이 알아.

The next day a letter arrived for Jane from Caroline Bingley and was opened immediately. Jane's countenance changed as she read it.

"Caroline says that Mr. Bingley has urgent business in London, Lizzy," said Jane. "His sisters and Mr. Darcy have followed him and they will not return this winter. But this part of the letter hurts me most. Listen, 'Mr. Darcy is impatient to see his sister and so are we. I think Georgiana Darcy has no equal in beauty, [1] intelligence, and accomplishments. My brother admires her greatly and I hope that he will marry her.' Isn't it clear Caroline doesn't wish me to be her sister-in-law, and that she is convinced that her brother doesn't care for me?"

"No," said Elizabeth. "Caroline knows her brother is in love with you but she wants to keep you apart [2] because she wants him to marry Miss Darcy."

---

[1] **have no equal in** ···에 있어서 견줄 사람이 없다
I think Georgiana Darcy has no equal in beauty, intelligence, and accomplishments.
제 생각엔 조지아나 다아시는 미모와 지성, 그리고 교양에 있어서 견줄 사람이 없답니다.

[2] **keep ... apart** ···을 떼어 놓다
Caroline knows her brother is in love with you but she wants to keep you apart.
캐롤라인은 자기 오빠가 언니를 사랑하는 걸 알지만 두 사람을 떼어 놓으려는 심사인 거지.

Jane shook her head sadly and said, "Caroline wouldn't lie to me and my only hope is that she is mistaken. But even if the situation were different, how could I be happy to accept a man's proposal when his sisters and friends all wish him to marry someone else?"

"You must decide whether displeasing his sisters is more important to you than the happiness of being his wife."

"Lizzy, although I would be very unhappy to have their disapproval, I would not hesitate to accept him if he proposed."

□ countenance 안색, 표정
□ urgent 긴급한, 다급한
□ be impatient to + 동사원형 …하고 싶은 생각이 간절하다
□ accomplishment 교양, 소양
□ sister-in-law 올케, 시누이

□ be convinced that절 …라고 확신하다
□ care for …을 좋아하다
□ displease 불쾌하게 하다
□ disapproval 불인정, 불찬성
□ hesitate to + 동사원형 …하기를 주저하다

Mini-Less☀n

See p. 134

so + be동사/do동사 + 주어: …도 그렇다

앞 내용에 이어 '…도 그렇다'라고 할 때는 「so + be동사/do동사 + 주어」 구문을 쓰는데요. 이때 so를 강조하기 위해 절 또는 문장의 앞에 두면서 주어와 동사의 위치가 바뀌었어요.

• Mr. Darcy is impatient to see his sister and so are we.
  다아시 씨는 자신의 여동생을 만나고 싶은 생각이 간절하고 우리도 그렇답니다.
• Bill pretended to be sick and so did I.
  빌은 아픈 척했고 나도 그랬다.

That evening, the Bennets and Mr. Collins dined with the Lucases. Charlotte listened to Mr. Collins's endless speeches with apparent interest and Elizabeth was very grateful. But Charlotte had her own reasons for showing him such kindness; she hoped to draw [1] his attention to herself. By the time he left her home that evening she was almost certain of success.

□ apparent 뚜렷한, 분명한
□ grateful 고맙게 여기는
□ be certain of …을 확신하다
□ expectation 기대

□ engagement 약혼
□ plain (여자가) 예쁘지 않은, 수수한
□ secure 안정된, 안전한
□ survive 지속되다, 살아남다

The next morning, Charlotte's expectations were realized when Mr. Collins came to Lucas Lodge* and proposed to her. She quickly accepted and her parents were delighted.

lodge는 보통 '작은 집'을 뜻하지만 큰 집이라도 주인이 겸손하게 이런 이름을 붙이기도 한답니다.

Charlotte told Elizabeth about her engagement later that day.

"It's impossible!" exclaimed Elizabeth.

"I know this must be a surprise. Only two days ago he proposed marriage to you," said Charlotte, "but I encouraged him and prayed he would propose to me. I'm not romantic like you, Lizzy. I'm twenty-seven years old and plain. I want a comfortable, secure home, and I think my marriage will be as happy as most.*"

"Of course," said Elizabeth, but she was not convinced, and wondered whether her friendship with Charlotte would survive after the marriage.

most 뒤에는 반복되는 명사를 피하기 위해 marriage가 생략되었답니다.

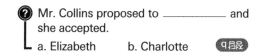

❓ Mr. Collins proposed to _____ and she accepted.
   a. Elizabeth   b. Charlotte   (q 月名)

1 **draw A's attention to B** A의 관심을 B로 끌다
She hoped to draw his attention to herself.
샬롯은 그의 관심을 자기에게로 끌고 싶었던 것이다.

Check-up Time!

● **WORDS**

단어와 단어의 뜻을 서로 연결하세요.

1 countenance   •

2 accomplishment •

3 decline   •

4 embarrass   •

• a. a grace, skill, or knowledge expected in public society

• b. to make someone feel shy, in a social situation

• c. the appearance or expression of the face

• d. to refuse politely to accept or to do something

● **STRUCTURE**

빈칸에 알맞은 단어를 보기에서 골라 써넣으세요.

by	to	in	on

1 Mary insisted _____ playing the piano and singing.

2 Elizabeth looked for Wickham at the ball, only _____ find that he was not there.

3 She has no equal _____ beauty and intelligence.

4 This took her so much _____ surprise that, without thinking, she agreed.

ANSWERS

Words | 1. c 2. a 3. d 4. b
Structure | 1. on 2. to 3. in 4. by

이야기의 흐름에 맞게 순서를 정하세요.

a. Bingley hosted a ball at Netherfield Park.

b. The Bennets and Mr. Collins dined with the Lucases.

c. Mrs. Bennet told those around her that Jane and Bingley would be married soon.

d. Elizabeth was called to her father's library.

(　　) → (　　) → (　　) → (　　)

● SUMMARY

빈칸에 맞는 말을 골라 이야기를 완성하세요.

Wickham told Elizabeth that Darcy had taken away his future (　　). She felt angry when Wickham, to avoid Darcy, didn't come to the ball at Netherfield. Elizabeth and Darcy danced, and she noticed that Darcy didn't want to talk much about (　　). The next morning, (　　) proposed to Elizabeth but she firmly refused. Jane was sad as she received Caroline's letter and she believed Bingley didn't care for her. Elizabeth was surprised to hear about Charlotte's (　　) to Mr. Collins.

a. Mr. Collins   b. Wickham

c. engagement   d. money and position

The Matriarch of Rosings Park
로징스 파크의 여주인

In December, Mrs. Bennet's brother and his wife
came to stay at Longbourn for Christmas. Mr. Gardiner
was a well-educated gentleman and far more sensible
than his sister, while Mrs. Gardiner was an intelligent,
elegant woman who was popular with all her nieces.

Jane and Elizabeth had often visited her in London and were her favorites. When Elizabeth told her aunt about Jane and Bingley, and Jane's sadness about the rift in their relationship, Mrs. Gardiner immediately invited Jane to stay with them in London after Christmas. Jane accepted the invitation with pleasure.

During the Christmas period, Wickham was a frequent visitor to Longbourn. He soon discovered that he was from the same county as Mrs. Gardiner and they talked about people they both knew.

Mrs. Gardiner thought he was interesting, but she was unsure of his intentions toward Elizabeth.

"Be careful, Lizzy," she said. "He is a fine young man, but he has no money. It would be unwise to marry him."

"I don't love him," replied Elizabeth, "although he is the most pleasing man I ever met. But I agree that marriage to him would be unwise."

□ matriarch (한 가문·집단의) 여장,
　우두머리
□ sensible 상식적인, 분별 있는
□ niece 조카딸
□ rift in …의 불화(분열)

□ relationship 관계
□ county 주(영국·아일랜드에서
　행정·사법·정치상의 최대 구획)
□ be unsure of …을 확신하지 못하다
□ intentions 속셈, 마음가짐, 태도

After Christmas, the Gardiners took Jane to London and Charlotte came to say goodbye to Elizabeth. She was leaving Hertfordshire for Kent the next day immediately after her wedding. Mrs. Bennet, who had still not forgiven Elizabeth for refusing Mr. Collins, repeatedly said in an ill-natured tone that she wished them happiness.

"Please write to me," said Charlotte to Elizabeth. "And come to stay with me in March."

Elizabeth imagined the stay would be painful, but she could not say no to her friend.

Soon, Charlotte's first letter arrived. She cheerfully described how comfortable she was, how she liked the house and the furniture and the neighborhood, and how Lady Catherine was friendly and obliging. There was no mention of her husband and Elizabeth knew she would have to wait till she visited them to know the truth.

□ repeatedly 되풀이하여
□ in an ill-natured tone 고약한 말투로
□ obliging 잘 돌봐 주는, 친절한
□ return one's visit ···을 답방하다

1 **cause + 간접목적어(A) + 직접목적어(B)** A에게 B을 (안겨)주다
This letter caused Elizabeth great pain.
이 편지는 엘리자베스에게 큰 아픔을 주었다.

Jane's letters from London held no good news. After a month she had still not seen Bingley but she had visited Caroline, who said that her brother was very busy. When Caroline returned Jane's visit, she was unfriendly and stayed only a short time. Jane now believed that Bingley had never cared for her.

"I feel that I'm being lied to,"  she wrote, "but I don't understand why."

This letter caused [1] Elizabeth great pain. It appeared that any chance of Jane marrying Bingley was over.

Mini-Less·ŏ·n

진행형 수동태: be동사+being+p.p.

진행되고 있는 일을 수동태로 나타낼 때는 「be동사+being+p.p.」의 형태로 하고 이때 be동사는 시제·인칭·수에 맞게 변화시키면 됩니다.

• "I feel that I'm being lied to," she wrote, "but I don't understand why."
  제인은 '내게 거짓말을 하고 있다는 생각이 드는데, 왜인지 이해가 되질 않아.' 라고 썼다.

• The wedding is being prepared in the garden. 결혼식은 정원에서 준비되고 있다.

March arrived and it was time to visit Charlotte in Kent, with a visit to Jane in London on the way. Elizabeth set off early and reached the Gardiner's London home by lunchtime. Jane seemed as healthy and lovely as [1] ever although according to Mrs. Gardiner she was sometimes depressed. Elizabeth could do nothing to [2] help her beloved sister but hope the unhappy situation would not continue for long.

□ according to …에 따르면
□ depressed 의기소침한, 낙담한
□ beloved 가장 사랑하는
□ destination 목적지, 도착지
□ parsonage 목사(사제)관
□ furnishing 가구, 세간

□ in great detail 아주 상세하게
□ whenever절 …할 때마다
□ glance at …을 흘긋 보다
□ contemplate 곰곰이 생각하다
□ acknowledge+that절 …을 인정하다
□ tolerate 참다, 견디다

Later that day, Elizabeth arrived at her destination and Charlotte greeted her with great pleasure.

Mr. Collins gave a long speech of welcome, and then described the history of the parsonage and its furnishings in great detail. Whenever he said something silly, which was often, Elizabeth glanced at Charlotte. Once or twice Charlotte blushed, but she usually pretended not to hear what her husband said.

Elizabeth and Charlotte spent the whole evening [3] talking about the latest news from Hertfordshire. Later, alone in her room, Elizabeth contemplated her best friend's situation and acknowledged that she was a good wife who tolerated her husband quite well.

---

1 **as + 형용사 + as ever** 변함없이 …한
Jane seemed as healthy and lovely as ever.
제인은 변함없이 건강하고 사랑스러워 보였다.

2 **can do nothing but + 동사원형** …하는 것 외에 아무것도 할 수 없다
Elizabeth could do nothing to help her beloved sister but hope the unhappy situation would not continue for long.
엘리자베스는 사랑하는 언니를 돕기 위해 불행한 상황이 오래가지 않기를 바라는 것 외에 아무것도 할 수 없었다.

3 **spend + 시간(A) + (in) + ...ing(B)** B하면서 A를 보내다
Elizabeth and Charlotte spent the whole evening talking about the latest news from Hertfordshire.
엘리자베스와 샬롯은 하트포드셔의 최근 소식에 대해 이야기하면서 온 저녁 시간을 보냈다.

Elizabeth and her hosts were invited to Rosings Park for dinner the next evening and Mr. Collins's happiness was complete.

Lady Catherine was a large woman with strong features and a commanding voice. Her daughter, Miss de Burgh, was the opposite: she was very small and thin, and rarely spoke.

The dinner was very grand and Mr. Collins complimented every dish. Lady Catherine gave Charlotte advice about everything from how to run her house to the correct way to feed the chickens. Then she turned to Elizabeth and asked if any of Elizabeth's sisters were available for marriage.*

"Yes, Ma'am," Elizabeth replied. "All of them."

당시 딸이 결혼할 연령이 되면 파티나 무도회 등의 사교계에 내보내는 것이 관례였으므로 available for marriage는 '사교계에 데뷔한'으로 이해하면 됩니다.

"All! What, all five sisters at once? The youngest is available before the eldest is married? How extraordinary! Your youngest sister must be very young."

□ complete 완전한, 충만한
□ features 이목구비
□ commanding (태도·풍채가) 위엄 있는, 당당한
□ rarely 좀처럼 …하지 않는
□ dish 요리

□ run one's house 살림을 꾸리다
□ at once 동시에
□ unfair 불공평한
□ lock ... away …을 격리시키다
□ My word! 세상에!, 이런!
□ bluntly 솔직하게

"Yes, only sixteen. But it would be unfair to lock the younger sisters away until the older sisters are married. It would cause bad feelings."

"My word!" said her Ladyship. "You give your opinion bluntly. How old are you?"

Ladyship은 lady 칭호를 가진 여성에 대한 경칭으로 보통 앞에 her, your을 붙여 씁니다.

"With three younger sisters grown up," said Elizabeth, smiling, "your Ladyship wouldn't expect me to tell you my age."

"You cannot be more than twenty, I am sure," said Lady Catherine.

"I am not yet twenty-one."

When it was time to leave, Elizabeth was relieved.

❓ Which is true about Lady Catherine?
  a. She rarely spoke.
  b. She gave Charlotte advice.
  c. She complimented every dish.

정답은 q

Mini-Lesson

with + 목적어(A) + 분사형 동사(B): A가 B하여(한 상황에서)
어떤 동작이 다른 동작과 동시에 일어나는 상황을 묘사하고 싶을 때는 「with + 목적어(A) + 분사형 동사(B)」를 쓰고 'A가 B하여(한 상황에서)'라고 해석하면 된답니다.

• With three younger sisters grown up, your Ladyship wouldn't expect me to tell you my age. 세 여동생들이 다 큰 상황에서, 부인께서는 제가 나이를 말할 거라고 기대하진 않으시겠죠.
• With night coming on, we hurried home. 밤이 되어, 우리는 서둘러 집으로 갔다.

A week later, Elizabeth and her hosts were again invited
to dine at Rosings. Elizabeth was astonished to see Darcy
there, and curtsied to him without saying hello. He
seemed just as aloof and reserved as he had in
Hertfordshire. His cousin, Colonel Fitzwilliam

★ had 뒤에서 seemed가
생략되었는데요, 이는 같은
동사가 반복되는 것을
피하기 위해서랍니다.

was about thirty and plain, but polite. He took a fancy
to Elizabeth and sat beside her. He talked about traveling,
books and music, and Elizabeth had never been so well
entertained.

Darcy repeatedly turned toward them with a look of
curiosity. Their conversation was so joyful that it drew
the attention of her Ladyship and she demanded to
know what they were talking about.

"We're talking about music," said Fitzwilliam.

"Oh, music!" she responded. "What a delightful
subject. I do not think any woman in England enjoys
music as much as I do. Do you play, Miss Bennet?"

"A little, but not well," said Elizabeth.

"You are being modest, Miss Bennet," replied Lady
Catherine. "You must play for us."

Elizabeth sat down at the piano and Fitzwilliam drew
his chair close to her. Darcy came to stand by the piano
where he could have an uninterrupted view of Elizabeth.

□ curtsy (여자가) 무릎을 굽혀 인사하다
　(curtsy-curtsied-curtsied)
□ aloof 쌀쌀한, 냉담한
□ colonel (육군·공군·해병대) 대령
□ take a fancy to …을 좋아하게 되다
□ never be so well entertained
　그렇게 즐거울 수가 없다

□ with a look of curiosity 호기심
　어린 표정으로
□ demand to + 동사원형 …하기를
　요구하다
□ modest 겸손한
□ have an uninterrupted view of
　…을 잘(막힘 없이) 보다

At the end of the second tune, Elizabeth smiled politely and said, "You are trying to frighten me, Mr. Darcy, by making such a ceremony of listening [1] to me. But I'm too stubborn for that."

"I'm not trying to frighten you," he replied. "In any case, I would think that impossible."

Elizabeth laughed heartily and turning to Fitzwilliam, she said, "The first time I saw your cousin was at a dance in Hertfordshire. And what do you think he did? He danced only four dances, even though there were not enough gentlemen."

"But I didn't know any ladies there," said Darcy. "Perhaps I should have introduced myself, but I find it hard to talk to strangers. It's a talent I don't possess."

? Which is true about Mr. Darcy?
a. He tried to frighten Elizabeth.
b. He was not good at talking to strangers.
c. He had known many ladies at Hertfordshire.

정답 q

□ tune 곡, 악곡
□ frighten ⋯을 겁주다
□ stubborn 완강한, 고집 센
□ in any case 어떤 경우라도

□ heartily 실컷, 마음껏
□ have fine fingers 손(가락) 놀림이 좋다
□ react to ⋯에 반응하다

"I don't play the piano well," responded Elizabeth, "but I know my playing would improve if I practiced."

Darcy smiled and said, "You play very well. I can't hear any faults."

"Miss Bennet has fine fingers," said Lady Catherine, "but her touch is not as good as my daughter's. She [2] would have been a delightful player if her health had been better."

Elizabeth glanced at Darcy to see how he reacted to this praise of his cousin, but he seemed not to have heard. ☀

---

1 **make a ceremony of ...ing** 격식을 갖춰 …하다
You are trying to frighten me, Mr. Darcy, by making such a ceremony of listening to me.
다아시 씨, 이처럼 격식을 갖춰 제 연주를 들으시다니 저를 겁주려고 그러시는 거죠.

2 **주어 + would(could/should/might) + have + p.p. + if + 주어 + had + p.p.** (과거 사실의 반대) 만약 …했다면 ~했을 것이다
She would have been a delightful player if her health had been better. 만약 제 딸아이의 건강이 더 좋았다면 애는 기쁨을 주는 연주자가 되었을 거예요.

Mini-Less ☀ n

완료부정사: to have + p.p.

Elizabeth glanced at Darcy to see how he reacted to this praise of his cousin, but he seemed not to have heard. (엘리자베스는 다아시가 그의 사촌에 대한 칭찬에 어떻게 반응하는지 보려고 그를 흘긋 보았지만, 그는 듣지 못한 것처럼 보였다.)
에서 to have heard는 완료부정사로 seemed보다 앞서 일어난 일을 나타낸답니다.

• She is said to have lived in Boston. 그녀는 보스턴에 살았었다고 한다.

Check-up Time!

● WORDS

단어와 단어의 뜻을 서로 연결하세요.

1 matriarch •   • a. powerful and confident

2 parsonage •   • b. a woman who is the head of a family or a social group

3 commanding •   • c. unfriendly or uninterested in other people

4 aloof •   • d. a clergyman's house

● STRUCTURE

알맞은 것을 골라 문장을 완성하세요.

1 They spent the whole evening (to talk / talking) about the latest news from Hertfordshire.

2 Elizabeth could do nothing but (hope / to hope) the unhappy situation would not continue for long.

3 With three younger sisters (grew / grown) up, your Ladyship wouldn't expect me to tell you my age.

4 She would have been a delightful player if her health (have / had) been better.

 ANSWERS

본문의 내용에 맞게 알맞은 단어를 골라 문장을 완성하세요.

1 During the Christmas period, _____ visited Longbourn.
   a. Bingley   b. Darcy   c. Wickham

2 In her letter, _____ wrote that she was comfortable.
   a. Charlotte   b. Jane   c. Elizabeth

3 _____ was very small and thin, and rarely spoke.
   a. Catherine de Burgh   b. Miss de Burgh   c. Fitzwilliam

● SUMMARY

빈칸에 맞는 말을 골라 이야기를 완성하세요.

The Gardiners visited Longbourn and stayed for Christmas.
Then they returned to (   ), taking Jane with them. Jane
didn't see Bingley there. (   ) left for Kent after her
wedding. In March, Elizabeth visited her, and found that
she seemed happy with her life. Elizabeth and her hosts
were invited to (   ), Lady Catherine's estate. There,
Elizabeth met Darcy and his cousin, Fitzwilliam. She played
the piano and (   ) made a compliment about her playing.

a. Charlotte   b. Rosings   c. Darcy   d. London

ANSWERS

Summary | d, a, b, c
Comprehension | 1. c 2. a 3. b

A Startling Proposal

놀라운 청혼

The next morning, the Collinses were out on business in the village and Elizabeth was writing to Jane when the doorbell rang. To her great surprise, it was Darcy, [1] and he was unaccompanied.

He appeared uncomfortable to find her alone and after apologizing for his unexpected visit, he sat down. Elizabeth waited for him to speak but he said nothing and neither did she. ☀

Eventually, after a long and increasingly uncomfortable silence, Darcy said, "Mr. Collins appears very fortunate in his choice of a wife."

"Yes," agreed Elizabeth. "There are very few sensible women who would have accepted him."

"And she must be happy to be so close to her family."

"She's fifty miles* from home. I don't think that's close."

1마일은 약 1.6 킬로미터이므로
샬롯은 고향집에서 약 80 킬로미터 떨어져 있어요.

---

1 **to one's surprise (amazement)** 놀랍게도
To her great surprise, it was Darcy, and he was unaccompanied.
무척이나 놀랍게도, 온 사람은 다아시였으며, 동행인이 없었다.

"You seem to have a very strong attachment to Hertfordshire," said Darcy, smiling and looking at her intently. "Anything beyond the immediate neighborhood of Longbourn would, I suppose, appear far to you. But your strong local attachment* surprises me. *You* cannot have always been at Longbourn."

When Elizabeth looked surprised, Darcy quickly picked up a newspaper and glanced at it, saying in a colder voice, "Are you pleased with Kent?"

They chatted politely and concisely about Kent for a few minutes until the Collinses returned, and then he left.

local attachment는 엘러자베스가 롱보 지역에 대해 가지는 애착을 뜻해요.

□ unexpected 갑작스런, 예기치 않은
□ increasingly 점점, 더욱 더
□ have a very strong attachment to ···에 강한 애착을 갖다

□ intently 뚫어지게, 골똘히
□ immediate 바로 옆의; 당장의
□ suppose 추측하다, 생각하다
□ concisely 간결하게

Mini-Lesson

neither + do(be)동사 / 조동사 + 주어: ···도 ~않다(아니다)

앞의 부정적 상황에 이어 '···도 ~않다(아니다)'라고 할 때는 「neither + do(be)동사/ 조동사 + 주어」 구문을 써요. 이때, 동사는 인칭과 시제에 맞게 써야 한답니다.

• Elizabeth waited for him to speak but he said nothing and neither did she.
  엘리자베스는 다아시가 말하길 기다렸지만 그는 아무 말도 하지 않았고 그녀도 하지 않았다.

• The first question was not easy and neither was the second.
  첫 번째 질문은 쉽지 않았고 두 번째도 쉽지 않았다.

After that, Colonel Fitzwilliam and Darcy visited the parsonage almost every day, sometimes together, sometimes separately.

Fitzwilliam clearly enjoyed spending time with Elizabeth and Charlotte. His conversations reminded [1] Elizabeth of the fun she'd had with Wickham, although Fitzwilliam was a more intelligent companion.

However, it was not so clear why Darcy visited. He often sat for ten minutes in complete silence. And when he did* speak, it seemed obvious to Elizabeth that he was merely trying to be polite. 여기서 did는 speak를 강조하기 위해 쓰인 조동사예요.

While taking a walk one morning, Elizabeth was irritated when she encountered Darcy on the path. Hoping to prevent a repeat of their meeting, she told him it was her favorite place for a solitary walk. It seemed odd, then, when she met him there a second [2] and even a third time. Their conversations were invariably short and awkward and she was always relieved when she arrived back at the parsonage.

□ separately 따로따로
□ companion 말동무, 친구
□ obvious 명백한, 분명한
□ merely 단지, 다만
□ encounter (우연히) 마주치다
□ prevent 막다
□ solitary walk 혼자만의 산책
□ invariably 늘, 변함 없이

1 **remind A of B** A에게 B를 생각나게 하다

His conversations reminded Elizabeth of the fun she'd had
with Wickham, although Fitzwilliam was a more intelligent
companion.

피츠윌리엄과의 대화는 엘리자베스에게 위컴과 함께했던 즐거운 시간을 생각나게 했는데,
그가 위컴보다는 더 지적인 말동무였다.

2 **a second time** 다시, 두 번째로

It seemed odd, then, when she met him there a second time.

그러고 나서 그녀가 그를 그곳에서 다시 마주치자 이상하게 여겨졌다.

Another time, instead of being surprised by Darcy, Elizabeth was greeted by Fitzwilliam. As usual, they fell into an easy conversation.

After a while, Elizabeth said, "I believe I have heard you say that you know Mr. Bingley."

"I know him a little. I understand Darcy recently intervened to save him from a disastrous marriage."

"Did Mr. Darcy give you his reasons for this interference?" asked Elizabeth coldly.

"I understood that there were some objections against the lady."

Elizabeth fought to control her temper and said, "We don't know the full story so it's unfair to condemn his actions, I suppose. But why did Mr. Darcy make himself the judge? Perhaps the two people didn't love each other."

□ as usual 평소와 같이
□ intervene 개입하다
□ save A from B A를 B로부터 구하다
□ disastrous 파국적인, 불행한
□ interference 방해, 간섭
□ objection against(to) …에 대한 반대 (이유)
□ control one's temper 화를 참다
□ condemn 비난하다, 나무라다

□ make oneself the judge 자신의 의견을 강요하다
□ abruptly 갑자기, 불쑥
□ agitation 동요, 흥분
□ indignation 분개, 분노
□ bring on …을 야기하다 (bring-brought-brought)
□ genuinely 진정으로
□ most of all 무엇보다도

"I certainly hope not," said Fitzwilliam, thoughtfully. Elizabeth abruptly changed the subject.

Later, when she was alone in her room with time to think, her agitation and indignation brought on a headache. It grew worse toward evening, so instead of joining the others for dinner at Rosings, she remained at the parsonage. Although she was genuinely unwell, most of all she did not want to see Darcy.

She read all Jane's letters again and she could tell that her sister was still sad. Elizabeth's anger toward Darcy grew with each sentence she read.

Elizabeth was deep in thought when the doorbell
rang. A few moments later, to her amazement, Darcy
walked into the room. He quickly asked if she was
feeling better and her reply was coldly polite. He sat
down for a minute, then got up and walked around
the room. Elizabeth was surprised at his obvious
discomfort. Finally, he stopped in front of her.

"I ... I have struggled in vain to repress my feelings," he stammered. "I can no longer do so. I must tell you how ardently I admire and love you."

Elizabeth was astonished and stared at him, speechless. Encouraged by her silence, he expressed his wish to marry her. He explained in great detail the obstacles to his love, such as her family and inferior birth, and the problems these things had caused him. Elizabeth could see that he expected her to accept, and in spite of her deep dislike of him, she was at first flattered by his expressions of affection. But as he continued to list in detail her family's many failings, her resentment grew.

When Darcy fell silent, Elizabeth responded coldly, "I have never desired your affection and you have explained at length how unwillingly it is given. I do not wish to cause you pain, but I cannot accept your proposal."

- □ be deep in thought 생각에 깊이 잠기다
- □ discomfort 불안, 불편
- □ struggle to + 동사원형 …하려 애쓰다
- □ in vain 헛되이, 보람 없이
- □ repress 억제하다, 억누르다
- □ stammer 말을 더듬다
- □ ardently 열렬하게

- □ speechless 말문이 막힌
- □ obstacle to …의 장애물
- □ inferior birth 미천한 가문
- □ in spite of …에도 불구하고
- □ dislike of (for) …에 대한 반감(혐오)
- □ affection 애정, 호의
- □ list 열거하다
- □ at length 충분히, 상세하게
- □ unwillingly 마지못해

Darcy turned pale with anger and struggled to recover his composure.

"This is your reply? May I ask why you make so little [1] attempt at politeness while rejecting me?"

"I might ask you the same question," she replied. "You ask me to marry you and then insult me by saying how you love me against all reason. Even if my [2] feelings for you were favorable, do you think that I could marry the man who ruined the happiness of my beloved sister? Do you deny that you have done it?"

Darcy's face reddened, but he quickly controlled his emotions.

"Yes, I did everything I could to prevent that marriage," he said calmly.

"And you took away everything Mr. Wickham deserved and ruined his chances in life."

"You have much interest in his business. Yes, his misfortunes have been great!" said Darcy contemptuously.

□ with anger 화가 나서
□ recover 되찾다, 회복하다
□ composure 침착, 평정
□ favorable 호의적인
□ ruin 망치다, 파멸시키다

□ deny + (that)절 ···임을 부인(부정)하다
□ redden (얼굴이) 빨개지다
□ deserve ···을 받을 만하다
□ misfortune 불행, 불운
□ contemptuously 경멸하면서

1 **make an attempt at** ···을 시도하다 (해보다)

May I ask why you make so little attempt at politeness while rejecting me?

저를 거절하면서 왜 공손함을 별로 시도하지도 않는지 여쭤봐도 될까요?

2 **against all reason** 온 이성에 반하여

You ask me to marry you and then insult me by saying how you love me against all reason.

당신은 제게 결혼을 청한 다음 온 이성에 반하면서까지 얼마나 저를 사랑하는지 말함으로써 저를 모욕하시잖아요.

"You reduced him to poverty," [1] cried Elizabeth. "How could you do such a thing?"

"So this is your opinion of me? But perhaps if I had not hurt your pride by being so honest about your family, you might have overlooked these things," said Darcy.

"You are mistaken. I would have refused you regardless of the way [2] you spoke of my family. From the moment we met, I knew you to be an arrogant and conceited man and I had not known you [3] a month before I felt that you were the last man in the world I would ever be persuaded to marry!"

---

1 **reduce ... to poverty** ···을 가난하게 만들다
"You reduced him to poverty," cried Elizabeth.
"당신은 그분을 가난하게 만들었어요." 엘리자베스가 소리쳤다.

"I understand your feelings perfectly," said Darcy coldly. "Forgive me for wasting your time."

With these words, he turned and left the house. Elizabeth sank down weakly with her thoughts in turmoil. Darcy had been in love with her for months! His love was so great that he had overcome all his objections to her station in life. For a moment, she was flattered to have inspired such love, but his abominable pride, his betrayal of Jane and his cruelty toward Wickham quickly overcame her pity for him.

□ overlook (실수 등을) 너그럽게 봐주다
□ mistaken 판단이 잘못된
□ arrogant 오만한, 거만한
□ the last man in the world +(that)절
　결코 …하지 않을 남자
□ be persuaded to + 동사원형
　…하도록 설득당하다

□ sink down 맥없이 주저앉다
　(sink-sank-sunk)
□ in turmoil 혼란에 빠져
□ station 신분, 지위
□ inspire (사상·감정)을 일으키다
□ abominable 혐오스러운
□ betrayal of …에 대한 배반[배신]

2 **regardless of** …에 관계없이
I would have refused you regardless of the way you spoke of my family. 당신이 제 가족들에 대해 말한 방식에 관계없이 전 당신을 거절했을 거예요.

3 **주어 + had not + p.p.(A) + before + 주어 + 과거형 동사(B)** A하기도 전에 B했다
I had not known you a month before I felt that you were the last man in the world I would ever be persuaded to marry! 당신을 알게 된 지 한 달도 되기 전에 저는 당신이 제가 결혼하도록 설득당할 만한 남자는 절대 아니라고 느꼈어요!

Elizabeth awoke the next morning tormented by the same thoughts that had kept her tossing and turning in her bed until dawn. She was walking in the garden trying to recover from them when she saw Darcy approaching her.

"Please do me the honor of reading this letter," he said. He handed her an envelope, gave a slight bow and walked away. With no expectation of pleasure, but with the strongest curiosity, Elizabeth opened the letter and began reading.

□ torment 괴롭히다, 고문하다
□ toss and turn 몸을 뒤척이다
□ recover from …에서 회복하다
□ do + 목적어(A) + the honor of + ...ing(B) A에게 B하는 영광을 베풀다
□ disgusting 넌더리 나는, 역겨운
□ accuse A of B A를 B로 비난하다

□ separate 헤어지게 하다
□ motive 동기
□ objection 반대
□ in particular 특히, 그 중에서도
□ honorable 바른, 존경할 만한
□ as for …에 관해서는
□ join the church 성직에 취임하다

Mini-Less ☀ n See p. 135

가정법 if의 생략

가정법 문장에서 if는 간혹 생략되기도 하는데요, 이때 if가 생략된 절은 「(조)동사 + 주어」로 어순을 바꿔 주어야 한답니다.

• I would not have done this, had I known(= if I had known) she loved him.
  만약 그녀가 그를 사랑한다는 것을 알았더라면, 저는 이런 일을 저지르지 않았을 겁니다.
• Were I rich(= if I were rich), I would lend some money to her.
  내가 부자라면, 그녀에게 돈을 좀 빌려줄 텐데.

Do not be afraid that this letter will contain a repeat of my feelings which were so disgusting to you last night. You accused me of two things. The first was that I separated your sister and Bingley. The second was that I ruined the life of Wickham. I must now explain my actions and their motives to make you understand.

Soon after Bingley met your sister, I could see that he was more in love than I had ever known him to be. But she did not seem to love him and I did not think she would be hurt if they parted. I apologize if I was mistaken. I would not have done this, had I known ☀ she loved him.

But there were other reasons for my objection. In particular, the behavior of your family members was frequently embarrassing. You and your sister alone appear to be honorable and sensible. However, I still believe my actions were correct.

As for Wickham, he was the son of a man who worked for my father. My father hoped Wickham would join the church, so he paid for his education.

My excellent father died five years ago and in his will provided Wickham with a livelihood on the condition [1] that he became a clergyman.

Wickham asked for money instead and I gave it to him on the condition that he gave up all the other provisions of the will. He agreed and soon gambled away the money. Then he came to me and said he would join the church if I gave him the livelihood provided by my father. I said no and he became very angry.

Last summer, unknown to me, he began to visit my sister Georgiana. She fell in love with him. She agreed to elope with him and get married in secret. She was just fifteen at the time. Luckily, I visited her just before the planned elopement and she told me everything. I confronted Wickham and he disappeared. He wanted my sister's fortune and revenge against me.

If you doubt the truth of this, please ask Colonel Fitzwilliam.

Sincerely,
Fitzwilliam Darcy

- ☐ livelihood 생계 (수단)
- ☐ on the condition + that절 …라는 조건으로
- ☐ provision 조항, 규정
- ☐ gamble away (돈·재산)을 도박으로 날리다
- ☐ elope with …와 사랑의 도피를 하다
- ☐ in secret 몰래, 은밀히
- ☐ elopement 사랑의 도피
- ☐ confront …에 맞서다
- ☐ revenge against …에 대한 복수

1 **provide A with B** A에게 B를 제공하다

My excellent father died five years ago and in his will provided
Wickham with a livelihood on the condition that he became
a clergyman.

훌륭하신 저의 부친께서는 5년 전에 돌아가셨고 위컴이 성직자가 되는 조건으로 그에게
생계를 제공하라는 유언을 남기셨어요.

Elizabeth read through the letter with mixed emotions. At first, she felt disbelief that [1] Darcy had not known Jane was in love, then anger at his opinion of her family, and finally horror at the part about Wickham.

"This must be false!" she thought.

She put the letter back in the envelope and then took it out and read the part about Wickham again. The two men's stories were exactly the same until the part about the will. From that point onward, their stories differed. Someone was lying, but who?

---

1 **feel disbelief + that절** …을 믿지 않다
At first, she felt disbelief that Darcy had not known Jane was in love. 처음에, 엘리자베스는 제인이 사랑에 빠졌는지 몰랐었다는 다아시의 말을 믿지 않았다.

2 **could hardly wait + until절(A) + before + …ing(B)** A하자마자 기다렸다는 듯 B했다
He could hardly wait until Darcy left Hertfordshire before telling everyone in town how Darcy had cheated him. 다아시가 하트포드셔를 떠나자마자 그는 기다렸다는 듯 마을 사람들에게 어떻게 다아시가 자신을 속였는지 말했다.

She remembered her first conversation with Wickham. It seemed odd now that he had told his life story to a stranger and at first, only to her. He could hardly wait [2] until Darcy left Hertfordshire before telling everyone in town how Darcy had cheated him. Everything about Wickham now appeared false.

Now that she knew him, she was certain Darcy would never do what Wickham had claimed. She felt ashamed.

"How terribly I have acted!" she cried. "I was too proud of my perceptions and my vanity made me blind."

She had soon read Darcy's letter so often that she knew it by heart. She felt gratitude for his affection and respected him, but she did not want to see him again. Her own past behavior was too embarrassing and so was her family's.

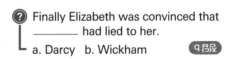

❓ Finally Elizabeth was convinced that
_____ had lied to her.
a. Darcy b. Wickham   q ਖ਼ਲ਼

□ with mixed emotion 착잡한 심정으로
□ horror 공포, 전율
□ from ... onward …이후(부터) 계속
□ cheat 속이다
□ claim 주장하다

□ ashamed 수치스러운, 부끄러운
□ perception 직관, 판단
□ know ... by heart …을 외우다
  〔암기하다〕
□ feel gratitude for …에 감사하다

Check-up Time!

● **WORDS**

빈칸에 알맞은 단어를 보기에서 골라 써넣으세요.

condemn	recover	save

1 He struggled to _____ his composure.

2 We don't know the full story so it's unfair to _____ his actions.

3 Darcy intervened to _____ him from a disastrous marriage.

● **STRUCTURE**

괄호 안의 단어들을 어법에 맞게 배열해 문장을 완성하세요.

1 I would not have done this, _____ _____ _____ she loved him. (known, I, had)

2 Elizabeth waited for him to speak but he said nothing and _____ _____ _____. (did, neither, she)

3 His conversations _____ _____ _____ the fun she'd had with Wickham. (her, reminded, of)

4 My father _____ _____ _____ a livelihood on the condition that he joined the church. (provided, him, with)

본문의 내용과 일치하면 T에, 일치하지 않으면 F에 표시하세요.

		T	F
1	Georgiana eloped with Wickham at fifteen.	☐	☐
2	At first, Darcy didn't know Jane loved Bingley.	☐	☐
3	Fitzwilliam handed Elizabeth Darcy's letter.	☐	☐
4	Wickham wanted money instead of a position in the church.	☐	☐

● SUMMARY

빈칸에 맞는 말을 골라 이야기를 완성하세요.

Darcy and Fitzwilliam visited the parsonage very frequently. Soon, Elizabeth learned from Fitzwilliam that Darcy had (　　) Jane and Bingley, and she felt (　　). When Darcy unexpectedly proposed to Elizabeth, she (　　) him. She couldn't forgive his pride and what he had done to Jane and Wickham. Later, when she read Darcy's letter explaining the situation, she understood his actions and their motives. Then she felt ashamed and even (　　) for his love.

a. separated　　　　b. indignation

c. gratitude　　　　d. rejected

ANSWERS

Comprehension | 1. F　2. T　3. F　4. T　　Summary | a, b, d, c

A Journey of Enlightenment

깨달음을 준 여행

When it was time for Elizabeth to return to Longbourn, Mr. Collins made several speeches. Elizabeth felt sorry for Charlotte again, even though she seemed happy with her life.

Elizabeth picked up Jane from the Gardiners' in London on her way home. As soon as they arrived at Longbourn, Lydia informed them that the regiment was going to Brighton. She was inconsolable.

That evening, Elizabeth told Jane what she had learned about Wickham. Jane was shocked and agreed with Elizabeth that it was best to keep the truth about him secret since he was leaving town anyway.

After the regiment left, Lydia and Kitty were miserable because they had no officers to flirt with.

□ pick up …을 도중에 태우다
□ inconsolable 위로할 길 없을 만큼 슬픔에 잠긴
□ agree with + 사람 …에게 동의하다
□ keep ... secret …을 비밀로 하다
□ miserable 불행한, 비참한

□ gloom 의기소침, 침울
□ commander 지휘관
□ resentful + that절 …해서 분개한
□ behave 예절 바르게 행동하다
□ think badly of …을 나쁘게 생각하다

But Lydia's gloom disappeared when Mrs. Forster, the young wife of Colonel Forster, the commander of the regiment, invited her to Brighton. Lydia ran around the house singing and laughing and Mrs. Bennet was delighted. Kitty was resentful that she hadn't been invited too.

Elizabeth asked her father to stop Lydia going. [1]

"Her behavior is not respectable," she said. "Lydia must learn to control herself."

"Lydia will learn to behave only when she makes a [2] fool of herself in public," he replied. "It's better that she does it in Brighton where no one knows her."

"Father, no one will respect her and they will think badly of her sisters. They already do."

"Already? You and Jane will always be respected. But we will have no peace if Lydia doesn't go to Brighton and luckily, she is too poor to be the target of fortune hunters.*" fortune hunter는 돈이나 재산을 노리고 결혼하는 사람을 뜻해요.

---

1 **stop + 목적어(A) + (from) + ...ing(B)** A가 B하는 것을 막다
Elizabeth asked her father to stop Lydia going.
엘리자베스는 아버지에게 리디아가 가는 것을 막아 달라고 부탁했다.

2 **make a fool of oneself in public** 사람들 앞에서 웃음거리가 되다
Lydia will learn to behave only when she makes a fool of herself in public. 리디아는 사람들 앞에서 웃음거리가 될 때에만 예절 바르게 행동하는 법을 배우게 될 거다.

At Christmas, the Gardiners had invited Elizabeth to join them on a summer tour of Derbyshire. The day of their departure was fast approaching when a letter arrived from Mrs. Gardiner. Mr. Gardiner had some business to deal with, which would delay the commencement of their tour until two weeks later in July. It seemed to Elizabeth that the time passed dully and slowly but her spirits lifted as she began to make preparations for her holiday.

At length, the Gardiners appeared at Longbourn. They set off, and spent two weeks seeing many remarkable places. In the last week of their trip, her aunt expressed a wish to visit the house and grounds of Pemberley, Darcy's estate. Mr. Gardiner agreed and wondered if Elizabeth might be interested to see Darcy's home too.

She was bothered by the thought of meeting Darcy while viewing the estate but when she was assured that he was away for the summer, she immediately relaxed.

The next morning, Elizabeth's curiosity grew as they neared the estate. The grounds were extensive and they drove for some time before they saw the house on the other side of the valley. It was a large, impressive, stone building with a wide stream in front of it.

- □ deal with ···을 처리하다
- □ commencement 출발, 시작
- □ dully 지루하게
- □ spirits 기분, 마음
- □ lift (기분이) 고조되다
- □ make preparations for ···의 준비를 하다
- □ at length 결국은, 마침내
- □ set off 출발하다

- □ remarkable 놀랄 만한, 뛰어난
- □ grounds (잔디밭·초목·길이 포함된 건물 주위의) 뜰, 정원 구내
- □ be bothered by ···에 괴롭다
- □ view (경관을) 둘러보다
- □ be away (어디에 가서) 없다
- □ relax (정신적) 긴장을 풀다
- □ extensive 넓은, 광대한
- □ impressive 웅장한, 장엄한

"I might have been the mistress of this place," [1] thought Elizabeth.

Then she remembered what Darcy thought of her family and her faint feeling of regret quickly vanished.

At the door, Elizabeth and the Gardiners asked the elderly housekeeper if they could see the house. She took them through the large, tastefully furnished rooms.

Elizabeth was delighted by the views of the woods and valley through the windows. Her aunt called her [2] over to look at a painting.

The housekeeper said, "That is my master, Mr. Darcy."

As she looked at the painting, Elizabeth's heart softened toward Darcy. There was a smile on his face which she had often seen when he looked at her.

"Lizzy, you can tell us whether the portrait is like him or not," said Mrs. Gardiner.

"Do you know Mr. Darcy?" said the housekeeper.

"A little," said Elizabeth, blushing.

"Don't you think he is very handsome?"

"Yes, very handsome," said Elizabeth.

"He is the best master that ever lived," said the housekeeper. "I have known him since he was four years old, and he was the sweetest, most generous boy in the world. Some people call him proud but I don't think so. They only say that because he doesn't chatter away as some men do."

The housekeeper's words were the honest praise of someone who knew him very well.

- □ **mistress** (집안의) 안주인
- □ **faint** 희미한, 어렴풋한
- □ **vanish** 사라지다, 없어지다
- □ **tastefully furnished** 고상하게 가구가 갖춰진
- □ **soften** (마음이) 누그러지다
- □ **whether ... or not** …인지 아닌지
- □ **portrait** 초상화
- □ **chatter away** 지껄여 대다

1 **might have + p.p.** (과거 사실에 반대되는 추측) …되었을지도[였을지도] 모르다
"I might have been the mistress of this place," thought Elizabeth.
"내가 이곳의 안주인이 되었을지도 모른다는 거지." 엘리자베스는 생각했다.

2 **call ... over** (떨어져서) …을 부르다
Her aunt called her over to look at a painting.
그녀의 숙모가 어떤 그림을 보라고 그녀를 불렀다.

When Elizabeth and the Gardiners had seen all the rooms that were open to the public, they said goodbye to the housekeeper and strolled outside toward the stream, admiring the beauty of the grounds. When they turned to look back at the house, Elizabeth was horrified to see its owner striding around the corner. Darcy was only twenty meters away and his eyes immediately met Elizabeth's. He stopped and stared for a second before approaching them. He was friendly and polite and asked about her family, but his confusion was obvious. She was deeply embarrassed and hardly dared to look at [1] him. If only they had left ten minutes earlier! [2]

Elizabeth was astonished when he asked to be introduced to her companions. She was even more surprised when he began walking with them and conversing with her uncle about fishing.

- open to the public 일반인들에게 공개된
- stroll 한가로이 걷다
- be horrified to + 동사원형 ···하고는 겁에 질리다[충격을 받다]

- stride 성큼성큼 걷다
- confusion 혼란
- converse with ···와 대화하다
- be absent from ···을 비우다
- compliment 영광된 일, 경의의 표시

---

1 **hardly dare to + 동사원형** 감히 ···하지 못하다
She was deeply embarrassed and hardly dared to look at him.
그녀는 무척이나 당황스러웠고 감히 그를 바라보지 못했다.

After a while, the Gardiners stopped to enjoy the view, so Elizabeth and Darcy walked on ahead. She told him that they had heard he would be absent from Pemberley, and Darcy explained that he had returned sooner than expected.

Then he said, "My sister is arriving tomorrow. Will you allow me to introduce her to you?"

Elizabeth knew this was a great compliment and quickly agreed.

---

2 **If only + 가정법 과거완료(had + p.p)!** (과거에) …했더라면 좋았을 텐데!
If only they had left ten minutes earlier!
그들이 10분만 일찍 떠났더라면 좋았을 텐데!

Elizabeth thought that Darcy would bring his sister the day after her arrival at Pemberley, so she was surprised when they arrived at the inn the next morning.

Miss Darcy was graceful and very polite but at the same time, she was exceedingly shy. Elizabeth believed that her extreme shyness would easily be mistaken for excessive pride.

Minutes after they arrived, Bingley entered the room and was his usual friendly self. [1]

He inquired about Jane and added, "I have not seen her since the 26th of November, eight months ago."

Elizabeth was pleased that his memory was so exact.

Once again, she was surprised by Darcy's open, friendly manner as he invited them all to tea at Pemberley the next day.

□ graceful 우아한, 품위 있는
□ exceedingly 대단히, 굉장히
□ extreme 지나친, 극도의
□ shyness 수줍음
□ be mistaken for …로 오해 받다
□ excessive 과도한, 지나친

□ inquire about …에 관하여 묻다
□ open 솔직한, 편견 없는
□ curtsy (여자가) 무릎을 굽혀 하는 인사
□ awful 끔찍한, 지독한
□ coarse (피부) 결이 거친
□ normal 통상적인, 보통의

1 **one's usual ... self** 평상시와 다름없는 …한 모습
Bingley entered the room and was his usual friendly self.
빙리가 방에 들어왔고 평상시와 다름없는 다정한 모습이었다.

That night, she lay awake for hours. She no longer hated Darcy. Instead, she respected him and was grateful that he still loved her. She wondered if she should encourage his affection and, if so, how?

When Elizabeth and the Gardiners arrived at Pemberley the following afternoon, they were welcomed by Miss Darcy. Caroline Bingley was present and greeted Elizabeth with a silent curtsy.

Darcy spent some time fishing with Mr. Gardiner before joining them again. It was obvious that he was eager for his sister and Elizabeth to be better [2] acquainted and this made Caroline angry.

When the guests had gone, Caroline remarked, "How awful Miss Bennet looked this morning! She is so brown and coarse. I hardly recognized her."

Darcy calmly replied that a sun tan was quite normal when traveling in summer.

"She is the most beautiful woman I have ever seen," he added.

---

[2] **be eager for + 목적어(A) + to + 동사원형(B)** A가 B하기를 몹시 바라다
It was obvious that he was eager for his sister and Elizabeth to be better acquainted.
다아시가 자신의 여동생과 엘리자베스가 더욱 친해지기를 몹시 바라는 것이 명백했다.

Elizabeth had been waiting for a letter from Jane and was ecstatic the next morning when two arrived. The first one was brief and stated that Lydia had eloped with Wickham to Scotland where parental consent to marry was not required.

The instant Elizabeth finished reading it, she [1] impatiently opened the other letter. It had been written a day later. Jane explained that no one knew whether Lydia and Wickham were actually married.

An officer in the regiment had blurted out that Wickham had never intended to go to Scotland or to marry Lydia. Colonel Forster had made inquiries and found that Lydia and Wickham had been seen in London. He and Mr. Bennet were looking for them there and Mr. Gardiner was urgently needed to join in the search.

"Oh! Where is my uncle?" cried Elizabeth, hurrying to the door to call for him.

As she reached the door, it opened and Darcy stepped inside. Her pale, distraught face shocked him.

"Good God! What's the matter?" Darcy cried.

"I must find my uncle. It's urgent," said Elizabeth, bursting into tears.

□ ecstatic 기뻐서 어쩔 줄 모르는
□ brief 짤막한, 간결한
□ parental consent 부모의 승낙
□ impatiently 초조하게, 조바심 내며, 성급하게
□ actually 실제로

□ blurt out + that절 무심코 …라고 말하다
□ intend to + 동사원형 …하려고 하다
□ urgently 긴급히
□ distraught 정신이 혼란한
□ burst into tears 울음을 터뜨리다

1 **the instant + (that)절** …하자마자
The instant Elizabeth finished reading it, she impatiently opened the other letter.
엘리자베스는 편지를 다 읽자마자 초조하게 나머지 편지도 열어보았다.

Darcy sent a servant to find the Gardiners as Elizabeth collapsed weakly into a chair.

"I received a letter from Jane," she sobbed. "She wrote that Lydia has run away with Mr. Wickham!"

"What!" he cried. "What has been done to find her?"

"My father has gone to London. I hope my uncle will join him there. If only I had told my family about Mr. Wickham, this wouldn't have happened!"

Darcy made no reply nor did he seem to listen to her. ☀ He paced the room with a frown on his face. She instantly knew what it meant. This family disgrace would end their relationship and she could not blame him.

"I am afraid I have been here too long," he said. "I wish I could do something to console you."

❓ Mr. Gardiner was needed to go to
L _____ to find Lydia. 정답 London

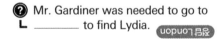

□ collapse into ···에 주저앉다
□ sob 흐느끼다
  (sob-sobbed-sobbed)
□ run away with ···와 도망치다
□ pace (일정한 걸음으로 천천히)
  ···을 걷다
□ frown 찌푸린 표정
□ instantly 즉시, 바로

□ disgrace 불명예, 망신
□ blame 비난하다, 책망하다
□ console 위로하다
□ set out for ···로 출발하다
□ on one's arrival ···가 도착하자마자
□ nervous collapse 신경쇠약
□ complaint 불평, 불만
□ calm ... down ···을 달래다

Then he promised her he would keep the matter secret, wished her luck and left her.

When her aunt and uncle returned, they were horrified at the news. Mr. Gardiner quickly left for London, and Elizabeth and her aunt set out for Longbourn.

On their arrival, they discovered that Mrs. Bennet had suffered a nervous collapse and had not left her bed since the news of Lydia's elopement was received. She greeted them with tears and complaints, and everyone tried to calm her down.

Mini-Less🔅n

See p. 136

nor + 조동사/be동사 + 주어: ···도 (또한) ~하지 않다

nor이 부정문 뒤에 쓰이면 부정의 연속을 나타내어 '···도 (또한) ~하지 않다'라는 뜻이 되며, 「nor + 조동사/be동사 + 주어」의 형태로 나타낸답니다.

• Darcy made no reply nor did he seem to listen to her.
  다아시는 대꾸를 하지 않았고 엘리자베스의 말을 듣는 것 같지도 않았다.
• I wasn't there yesterday nor was he.
  난 어제 그곳에 없었고 그도 그곳에 없었다.

Check-up Time!

● WORDS

빈칸에 알맞은 단어를 고르세요.

1 It would delay the _____ of their tour until two weeks later in July.
　　a. curtsy　　　　b. frown　　　　c. commencement

2 Kitty was _____ that she hadn't been invited.
　　a. extensive　　b. resentful　　c. brief

3 Her spirits _____ as she prepared for her holiday.
　　a. lifted　　　　b. sobbed　　　　c. strolled

● STRUCTURE

알맞은 것을 골라 문장을 완성하세요.

1 She asked her father to stop Lydia (to go / going).

2 It was obvious that he was eager (for / on) them to be better acquainted.

3 He made no reply (nor / or) did he listen to her.

4 Lydia will learn to behave only when she makes a fool of herself (among / in) public.

이야기의 흐름에 맞게 순서를 정하세요.

a. Elizabeth was greeted by Georgiana and Caroline.

b. Mr. Gardiner spent some time fishing with Darcy.

c. Bingley came to the inn where Elizabeth was staying.

d. Darcy invited Elizabeth and the Gardiners to tea at Pemberley.

(   ) → (   ) → (   ) → (   )

● SUMMARY

빈칸에 맞는 말을 골라 이야기를 완성하세요.

Elizabeth joined the Gardiners on a trip to Derbyshire and visited (   ). While viewing it, they encountered (   ), who they had heard would be away for the summer. Elizabeth was surprised by his open manner and even met his sister (   ) the next morning. Then Elizabeth received Jane's letter, saying that Lydia had run away with (   ). Elizabeth was shocked and returned home with her aunt.

---

a. Pemberley   b. Georgiana

c. Wickham   d. Darcy

〈오만과 편견〉에 등장하는 다아시의 펨벌리 집은 영국 더비셔 주의 채즈워드 하우스를 모델로 한 것인데요, 어떤 곳인지 알아볼까요?

채즈워드 하우스

Chatsworth House

In *Pride and Prejudice*, Elizabeth visited Pemberley, Darcy's estate, while traveling in Derbyshire and admired the beauty of his mansion and garden. In Derbyshire you can actually find the place which is said to be the model for Pemberley and it is Chatsworth House, built by the Duke of Devonshire in 1552. Chatsworth House is an impressive stone building with the River Derwent running in front of it, and the Wye Valley and the woods around it together make the scenery extremely picturesque. Don't you think it is very similar to Pemberley in the story? It is thought that Jane Austen, who once visited Chatsworth House, was so attracted by its beauty that she used the place for the exteriors and some interiors of Pemberley later when describing it in the story. Moreover, Chatsworth House is famous for its fairly large collection of European pictures, sculpture, and furniture. Also well known as Pemberley in the 2005 film version of the story, Chatsworth House today is a very popular tourist attraction with more than 400, 000 tourists visiting a year.

〈오만과 편견〉에서 엘리자베스는 더비셔(Derbyshire) 지역을 여행하다가 다아시의 소유지인 펨벌리를 방문하고 저택과 정원의 아름다움에 감탄하지요. 실제로 더비셔에 가면 소설 속 펨벌리의 모델이 된 곳을 찾을 수 있는데요, 바로 1552년에 데본셔 공작에 의해 세워진 채즈워드 하우스랍니다. 채즈워드 하우스는 웅장한 석조 건물로, 저택 앞으로 더웬트 강(River Derwent)이 흐르고 주변으로 와이 계곡(Wye Valley)과 숲이 어우러져 수려한 경관을 연출하는데요, 소설 속 펨벌리와 매우 흡사하다고 생각되지 않으세요? 채즈워드 하우스를 방문한 적이 있던 제인 오스틴은 이곳의 아름다움에 매료되어, 후에 소설에서 펨벌리의 외부와 내부를 묘사할 때 이곳을 모델로 했다고 해요. 게다가, 채즈워드 하우스는 엄청난 규모의 유럽 회화와 조각품, 가구를 소장한 것으로도 유명하답니다. 또한, 채즈워드 하우스는 소설을 바탕으로 한 2005년 판 영화 속의 펨벌리의 촬영지로도 잘 알려져 있어, 오늘날 매년 40만 명 이상의 관광객이 찾는 관광 명소로 인기를 누리고 있답니다.

The Triumph of True Love

참된 사랑의 승리

Days of anxiety passed at Longbourn with no news. Eventually Mr. Bennet returned, having left Mr. Gardiner ☀ to continue the search in London. The next day Mrs. Gardiner returned to her home.

A letter came from Mr. Gardiner two days after Mr. Bennet came home. He wrote that Lydia and Wickham would marry immediately if Mr. Bennet promised to pay Lydia one hundred pounds per year. He considered it to be a reasonable settlement and hoped Mr. Bennet would agree.

"I wonder how much money your uncle had to pay Wickham behind the scenes to settle this," said Mr. Bennet.

"What do you mean?" asked Jane.

□ anxiety 걱정, 불안
□ reasonable settlement
　(금전적으로) 합리적인 해결
□ behind the scenes 비밀리에
□ settle 해결하다, 처리하다

□ decent 점잖은, 품위 있는
□ cost＋사람(A)＋돈(B) A에게 B의
　비용이 들게 하다
□ Heavens! 맙소사!
□ repay (돈)을 갚다
　(repay－repaid－repaid)

"No decent man would marry Lydia for one hundred pounds a year. She has lived with Wickham and is no longer respectable. No one else will marry her, and he knows that. He must have demanded [1] money from your uncle."

"That's true," said Elizabeth. "It must have cost our uncle a great deal of money."

"Yes," said Mr. Bennet. "Wickham's a fool if he takes her for less than ten thousand pounds."

"Ten thousand pounds! Heavens! How could half that amount ever be repaid?" cried Elizabeth.

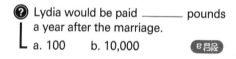

❓ Lydia would be paid _____ pounds a year after the marriage.
  a. 100   b. 10,000   정답 b

---

1 **must have + p.p.** 틀림없이 …했을 것이다
He must have demanded money from your uncle.
위컴이 틀림없이 너희 삼촌에게 돈을 요구했을 거야.

Mini-Lesson

완료분사 구문: having + p.p.

분사 구문이 주절의 시제보다 앞서 일어난 일을 나타낼 때는 완료분사 구문 「having + p.p.」를 씁니다.

- Eventually Mr. Bennet returned, having left Mr. Gardiner to continue the search in London. 결국 베넷 씨는 가디너 씨가 런던에서 수색을 계속하도록 남겨둔 후 되돌아왔다.
- She said nothing about it, having promised to keep it a secret.
  그것을 비밀로 하기로 약속했기 때문에 그녀는 그것에 관해서 아무 말도 하지 않았다.

Elizabeth and Jane went to their mother, and Jane read the letter to her.

"My darling Lydia!" cried Mrs. Bennet, throwing aside the bedcovers. "Married at sixteen! How I long to see her and dear Wickham! Kitty, order the carriage. I must tell everyone the good news!"

After Wickham and Lydia were married, Lydia wanted to visit Longbourn. Wickham was being banished to a new regiment in the north and they hoped to stop by on their way there. Mr. Bennet did not want to see them and would have refused, but Elizabeth and Jane convinced him to accept them for Mrs. Bennet's sake. [1]

When the newlyweds arrived, Mrs. Bennet embraced Lydia and smiled affectionately at Wickham. Lydia was as loud and wild as ever and Wickham behaved as if [2] nothing unusual had occurred. Mr. Bennet was incensed by the young couple's relaxed attitude, and Elizabeth and Jane could not believe their lack of shame.

---

1 **for one's sake** ···을 위해서
Elizabeth and Jane convinced him to accept them for Mrs. Bennet's sake.
엘리자베스와 제인은 베넷 부인을 위해서 그가 두 사람의 방문을 허락하도록 설득했다.

□ throw aside …을 치워버리다
□ long to + 동사원형 …하기를 고대하다
□ order 준비하다, 주문하다
□ banish 추방하다, 쫓아내다
□ stop by …에 들르다
□ convince + 목적어(A) + to + 동사원형(B)
　A가 B하도록 설득하다
□ newlyweds 신혼 부부
□ embrace 포옹하다, 껴안다

□ affectionately 정답게, 애정을 담아
□ unusual 별다른, 예외적인
□ occur 일어나다, 발생하다
　(occur - occurred - occurred)
□ be incensed by …에 분개하다
□ relaxed attitude 느긋한 태도
□ lack of shame 파렴치함

2 **as if + 가정법 과거완료절(had + p.p.)** 마치 …했던 것처럼
Wickham behaved as if nothing unusual had occurred.
위컴은 마치 별다른 일이 일어나지 않았던 것처럼 행동했다.

Lydia insisted on telling her sisters about her wedding, and let slip that Darcy had attended the ceremony.

"Mr. Darcy was there?" asked Elizabeth.

"Oh, yes!" said Lydia. "He came with Wickham. Heavens! I shouldn't have mentioned him. It was a [1] secret and I promised not to tell."

"If it is a secret," said Elizabeth, trying to suppress her curiosity, "don't say another word. We will ask you no more."

Elizabeth left them immediately and went to her room. Why had Darcy attended the wedding? It was impossible to ignore such a matter. Elizabeth thought that her aunt might know something, so she wrote asking if she knew why he was there. The reply came the next day and Elizabeth hurried out into the garden, sat in a quiet place, and read the letter.

□ let slip + that절 무심코 …라고 누설하다
□ suppress 억누르다, 참다
□ ignore 모르는 체하다, 무시하다
□ gambling debts 도박 빚
□ beg to + 동사원형 …하겠다고 간청하다
□ offer to + 동사원형 …하겠다고 나서다
  〔제안하다〕
□ negotiate 협상하다
□ be responsible for …에 책임이 있다
□ confused 혼란스러운
□ humble 보잘것없는, 초라한
□ honor 신의, 신용
□ reputation 평판

Her aunt explained that Wickham had left the regiment to escape his high gambling debts and Lydia had begged to join him. His immediate problem was lack of money, so Darcy offered to pay him to marry Lydia and they negotiated until a reasonable amount was settled. He came to the wedding and had dinner with them afterward. He claimed that he helped the young couple because he was responsible for Wickham's poor character. But her aunt believed that Elizabeth was the real reason that Darcy had helped them.

Elizabeth was very confused. She felt humble and sorry for the times she had been rude to him. She was also proud that he had so much honor. What Darcy had done to help her family was too good to be true, [2] but she was certain he could not possibly want to marry her. Not only was her family's reputation ruined but he would never want to be Wickham's brother-in-law.

---

1 **shouldn't have + p.p.** ···하지 말았어야 했다
I shouldn't have mentioned him. 내가 그에 대해서 말하지 말았어야 했는데.

2 **too good to be true** 너무 좋아서 믿기지 않는
What Darcy had done to help her family was too good to be true.
다아시가 엘리자베스의 가족을 돕기 위해 했던 일은 너무 좋아서 믿기지 않을 정도였다.

Mrs. Bennet was depressed for several days after Lydia and Wickham left, but her gloom was lifted by the news that Bingley had returned to Netherfield.

Three days later, Kitty shouted out to warn the family that Bingley was riding toward the house with another gentleman. Elizabeth went to the window and saw that Darcy was with him. She blushed and sat down by her sister. Jane's face went pale when they arrived, but she received them politely, with no bitterness. Bingley was as friendly as ever and Darcy was quiet, as always.

Elizabeth was incensed when her mother mentioned Lydia's marriage and praised Wickham's character in Darcy's presence.

The visit was brief and as soon as the gentlemen left, Jane said to Elizabeth, "I feel perfectly relaxed. Everyone can see we are just friends."

Over the next few days, Bingley visited several times, always alone. He went shooting with Mr. Bennet one day and stayed for dinner. After dinner, Jane and Bingley were left alone.

□ lift 걷어 치우다, 제거하다
□ with no bitterness 비통해 하지 않고
□ in one's presence ···의 면전에서
□ go shooting 총사냥하러 가다
□ suspense 마음을 졸이는 상태, 지속적 긴장감

Then Bingley came out and went to see Mr. Bennet in his library. When Bingley had gone, Jane embraced Elizabeth with tears in her eyes.

"It is too much!" she said. "He has asked me to marry him and I have said yes. I do not deserve such happiness!"

Elizabeth smiled, thinking how quickly and easily the engagement was settled after so many months of suspense.

A week after the engagement, Lady Catherine de Burgh made a surprise [1] visit to Longbourn and asked to see Elizabeth alone. Elizabeth led her into the garden and waited to hear the purpose of her visit.

"Miss Bennet," said Lady Catherine, haughtily, "I have heard you will soon be married to my nephew. It is impossible. A fabrication! He is engaged to my daughter."

"If you believe it is a lie," said Elizabeth, "why did you come here?"

"I wished to stop this rumor spreading. Now, tell me there is no truth in it."

"Your Ladyship has already told me it is impossible."

□ haughtily 오만하게, 거만하게
□ fabrication 지어낸 말, 거짓말
□ spread (소문이) 퍼지다, 만연하다
□ duty 본분, 의무
□ disgraced 망신을 당한, 이름이
  더럽혀진

"You stubborn girl!" cried Lady Catherine. "Are you engaged to him?"

"I am not."

"And do you promise never to be engaged to him?"

"I will make no such promise!"

"So you have decided to marry him!"

"I did not say that," replied Elizabeth. "I will act as I choose."

"So you refuse to do the correct thing. You don't care about duty or honor. You are a girl of inferior birth with no money and a disgraced family. You want to ruin his reputation. I will not allow Darcy to marry you."

"You can have nothing more to say to me," said Elizabeth. "You have already insulted me and my family enough."

Elizabeth turned and walked into the house. It was [2] many hours before she felt calm.

---

1 **make a surprise visit to** ···을 갑작스럽게 방문하다
Lady Catherine de Burgh made a surprise visit to Longbourn and asked to see Elizabeth alone. 캐더린 드 버그 부인이 갑작스럽게 롱본을 방문해서 엘리자베스와 단둘이 만나기를 청했다.

2 **It is + 시간(A) + before절(B)** B하기까지 A의 시간이 걸리다
It was many hours before she felt calm.
엘리자베스가 진정되기까지 많은 시간이 걸렸다.

Several days after Lady Catherine's visit, Darcy came to Longbourn and asked Elizabeth if he could talk to her in private. He suggested a walk and she agreed.

"Mr. Darcy," said Elizabeth when they were alone, "I must express my gratitude for your kindness to Lydia. If the rest of my family knew, they would also be grateful."

"I did it for you," he replied. "I thought only of you."

Elizabeth was too embarrassed to speak and too shy to look at him.

After a short pause, Darcy continued, "You are too honest to trifle with me. If your feelings are the same as they were last year, tell me so at once. My feelings are unchanged, but one word from you will silence me forever."

Elizabeth was speechless for a moment before telling him her feelings had completely changed.

Darcy had never felt such happiness in his life.

☐ in private 다른 사람이 없는 데서, 은밀히
☐ trifle with ···을 가지고 놀다
☐ at once 즉시, 당장
☐ silence 침묵시키다
☐ despise 경멸하다, 혐오하다
☐ make it clear to + 목적어(A) + that절(B) A에게 B임을 확실히 해주다
☐ superior 거만한, 잘난 체하는
☐ owe A B A에게 B를 빚지다

"Lady Catherine visited me after leaving you," he said, "and told me everything you said. It allowed me to hope. I know you well enough to be certain that if you had still despised me, you would have made it clear to her that you would never accept my proposal."

Elizabeth laughed as she replied, "Yes, you know me well enough to know that."

"And I deserved everything you said to me," said Darcy. "I was proud and superior and might never have changed but for you. My lovely Elizabeth, I owe ☀ you so much."

Mini-Less☀n

See p. 137

if가 없는 가정법

but for는 '…이 없다면(없었다면)'이라는 뜻으로 가정법 문장의 if it were not for/if it had not been for 대신 쓰인답니다.

- I was proud and superior and might never have changed but for(= if it had not been for) you. 저는 오만하고 건방졌으며 당신이 아니었더라면 절대로 변하지 못했을 겁니다.
- We could not live but for(= if it were not for) air. 공기가 없다면 우리는 살 수 없다.

That evening, Elizabeth was happy but at the same time agitated and confused. She anticipated what her family would say when her engagement to Darcy became known. Finally, she opened her heart to Jane, who was at first completely incredulous but offered her warmest congratulations. She could no longer conceal Darcy's part in Lydia's marriage, and told

Jane of his generous payment that had settled the matter. The two sisters stayed up talking for half the night.

The next day, Darcy went to see Mr. Bennet in his library and when he reappeared, he smiled.

He whispered to Elizabeth, "Go to your father."

Elizabeth had difficulty convincing her father that [1]
she loved Darcy. He thought she was marrying only for
money. Tears came to her eyes as she described Darcy's
true character and what he had done for Lydia.

"Well, my dear Lizzy," said her father, "if he is all
you say he is, he deserves you. I give you my blessing."

When Elizabeth told her mother, Mrs. Bennet cried
with astonished joy, "Oh, my Lizzy! Mr. Darcy! Ten
thousand pounds a year! I am so happy. He is such
a charming man! Such a handsome man, and so tall!
Please apologize to him for my having disliked him [2]
so much before."

> ❓ Mr. Bennet thought Elizabeth was
> ㄴ marrying only for _____ .
> ᴋǝuoɯ 月₃

□ agitated 흥분한
□ anticipate 예상하다
□ open one's heart to …에게
마음을 터놓다

□ incredulous 쉽사리 믿지 못하는
□ conceal 숨기다, 감추다
□ stay up 자지 않고 있다

---

1 **have difficulty (in) …ing** …하는 데 어려움을 겪다
Elizabeth had difficulty convincing her father that she loved Darcy.
엘리자베스는 자신이 다아시를 사랑한다는 것을 아버지에게 납득시키는 데 어려움을 겪었다.

2 **apologize to + 목적어(A) + for + having + p.p.(B)** B했던 것을 A에게 사과하다
Please apologize to him for my having disliked him so much
before. 부탁이니 내가 전에 그분을 그렇게 미워했던 것을 그분께 사과드리거라.

Happy was the day on which Mrs. Bennet married off her two most deserving daughters. Over the months and years that followed, Mrs. Bennet visited both her daughters with delighted pride. Mr. Bennet missed Elizabeth terribly but he loved visiting her at Pemberley, especially when he wasn't expected.

After the weddings, Bingley purchased an estate near Pemberley and this made Elizabeth and Jane very happy. Kitty and Mary visited their elder sisters often, which led to a great improvement in the younger girls' behavior. As for Wickham, he was never allowed to visit Pemberley although, for Elizabeth's sake, Darcy assisted him in his profession. And because Lydia and her husband never had enough money, Elizabeth and Jane occasionally sent them some.

Darcy and Elizabeth's marriage proved to be a happy and loving one and Darcy's contentment was complete when his wife and Georgiana, who lived with them at Pemberley, became the best of friends. And Darcy and Elizabeth were on the best of terms with the Gardiners. They always felt the deepest gratitude toward the two people who, by bringing Elizabeth to Derbyshire, had been the means of uniting them.

□ marry off …을 결혼시키다
□ deserving 자랑스러운, 자격 있는
□ contentment 만족, 흡족함
□ on the best of terms with …와
　가장 친한 사이인

Check-up Time!

● **WORDS**

빈칸에 알맞은 단어를 보기에서 골라 써넣으세요.

| despised | repaid | banished | convinced |

1 How could half that amount ever be _____?

2 If you had still _____ me, you would have promised never to accept my proposal.

3 Wickham was being _____ to a new regiment.

4 Elizabeth and Jane _____ their father to accept the young couple for Mrs. Bennet's sake.

● **STRUCTURE**

괄호 안의 단어들을 어법에 맞게 배열해 문장을 완성하세요.

1 I might never _____ _____ _____ _____ you. (changed, but, have, for)

2 Wickham behaved _____ _____ _____ _____ occurred. (if, nothing, as, had)

3 What Darcy had done was _____ _____ _____ _____ _____. (too, be, true, to, good)

● COMPREHENSION

다음은 누가 한 말일까요? 기호를 써넣으세요.

a.
Lady Catherine

b.
Darcy

c.
Elizabeth

1 "I will act as I choose." _____

2 "I wished to stop this rumor spreading." _____

3 "I deserved everything you said to me." _____

● SUMMARY

빈칸에 맞는 말을 골라 이야기를 완성하세요.

Lydia and Wickham were found and finally married. While they were staying at Longbourn, Lydia let slip that (   ) had attended her wedding. Elizabeth learned he had paid Wickham to settle the marriage. Soon Bingley returned to Netherfield, and he and Jane were engaged. Then (   ) visited Elizabeth to ask her never to marry Darcy but Elizabeth (   ) to do so. This encouraged Darcy to propose to her again and she (   ). Finally, they were happily married and so were Jane and Bingley.

a. Darcy   b. refused   c. Lady Catherine   d. accepted

ANSWERS

Comprehension | 1. c 2. a 3. b
Summary | a, c, b, d

After the Story

Reading X-File 이야기가 있는 구문 독해
Listening X-File 공개 리스닝 비밀 파일
Story in Korean 우리 글로 다시 읽기

Mr. Darcy is impatient to see his sister and so are we.

다아시 씨는 자신의 여동생을 몹시 보고 싶어 하고 우리도 그래요.

★　★　★

제인에게 호감을 보이며 즐거운 시간을 함께했던 빙리 일행이 갑작스레 떠나버리고, 캐롤라인 빙리의 편지를 통해 이 소식을 접한 제인은 속상한 마음을 감추지 못합니다. 무엇보다 캐롤라인이 다아시뿐만 아니라 자신들도 다아시의 여동생을 보고 싶어 한다며 제인을 자신의 오빠로부터 떼어 놓고 싶은 속마음을 드러냈기 때문이지요. 바로 '…도 그렇다'라는 뜻의 so + be동사/do동사 + 주어 구문을 써서 말이에요. 그럼 베넷 씨 부부의 대화로 이 표현을 다시 살펴볼까요?

Mrs. Bennet

My dear, Mr. Collins is expecting Lizzy to accept his proposal and so am I.

여보, 콜린스 씨는 리지가 청혼을 받아들이길 바라고 나도 그래요.

Mr. Bennet

He is exceptionally silly. I would never allow him to marry her.

그는 아주 어리석은 사람이오. 난 절대로 그가 리지와 결혼하는 것을 허락하지 않을 거요.

I would not have done this,
had I known she loved him.

그녀가 그를 사랑한다는 것을 알았다면 전 이렇게 하지 않았을 겁니다.

사랑하는 언니의 행복을 깨뜨렸다는 엘리자베스의 비난에 대해 다아시는 편지로 해명을 시도합니다. 자신이 보기에 제인이 빙리를 사랑하는 것 같지 않았다며 진실을 알았다면 두 사람을 떼어 놓지 않았을 거라고 위의 문장처럼 과거 사실에 반대되는 상황을 가정하면서 말이지요. 여기서 주목할 점은 가정법 문장에서 if가 생략될 수 있고 이때 어순이 (조)동사 + 주어로 도치된다는 것이랍니다. 그럼 이 표현을 제인과 엘리자베스의 대화로 다시 한번 확인해 볼까요?

Jane

Mother would have been kind to Mr. Darcy, had she known about his true character.

어머니께서 다아시 씨의 본성을 아셨다면, 그에게 친절하게 대해주셨을 텐데.

Elizabeth

You're right. I should have told her earlier what he had done for Lydia.

언니 말이 맞아. 내가 어머니께 그분이 리디아를 위해서 하신 일을 좀더 일찍 말했어야 했는데.

Darcy made no reply nor did he seem to listen to her.

다아시는 대꾸도 하지 않았고 그녀의 말을 듣는 것 같지도 않았다.

★ ★ ★

리디아와 위컴이 달아났다는 소식에 엘리자베스는 망연자실하며 진작 가족들에게 위컴의 실체를 밝히지 않은 자신을 책망합니다. 그런데 다아시는 방을 왔다 갔다 할 뿐 그녀의 말에 아무런 대꾸도 없고 그녀의 말을 듣는 것 같지도 않았지요. 이를 설명한 위 문장에서 '…도〔또한〕~하지 않다'라는 뜻의 nor + 조동사/be동사 + 주어 구문을 써서 부정의 연속을 나타내고 있는데요, 이 표현을 제인과 빙리의 대화로 확인해 봐요.

Jane

I thought you would marry Miss Darcy.
I heard you admired her greatly.

전 당신이 다아시 양과 결혼하는 줄 알았어요.
당신이 그녀를 무척 흠모한다고 들었거든요.

Bingley

I have never wanted her affection nor did I intend to marry her. I love only you.

난 다아시 양의 애정을 바란 적도 없고 그녀와 결혼하려고 한 적도 없소. 난 당신만을 사랑하오.

I was proud and superior and might never have changed but for you.

난 오만하고 건방졌으며 당신이 없었다면 절대 변하지 않았을 거요.

★　★　★

마침내 엘리자베스의 사랑을 얻게 된 다아시. 그는 엘리자베스가 자신에 대해 한 말이 모두 옳았다며 자신을 변화시켜 준 것에 대해 감사하는 마음을 위와 같이 표현합니다. 이때 if가 들어가 있지도 않은데 '…이 없었다면'이라는 뜻의 가정법 과거완료 문장을 만들고 있어요. 바로 but for를 이용해서 말이에요. 이때 but for는 if it had not been for로 바꾸어 쓸 수 있다는 것도 기억해 두세요!

Elizabeth

My dear, it seems that your aunt no longer hates me. I couldn't have improved my relationship with her but for your help.

여보, 당신 이모님이 이젠 저를 미워하지 않는 것 같아요. 당신의 도움이 없었다면 이모님과의 관계가 좋아지지 못했을 거예요.

Darcy

I made peace with her because we owed her so much. I wouldn't have visited you again but for her.

우리가 이모님께 큰 신세를 졌으니 내가 이모님과 화해한 것이오. 이모님이 없었다면 난 당신을 다시 찾아가지 않았을 거요.

01 빠르게 퀵? 아니, 쿠익!

qu는 뒤에 오는 모음과 분리해 [쿠]로 발음하세요.

주변에서 흔히 듣게 되는 퀵 서비스! 하지만 원어민은 quick을 [쿠익]에 가깝게 발음한답니다. q와 u는 붙어 다니는 경우가 많은데요, 이때 qu를 [쿠]로 발음하면서 뒤에 오는 모음과 분리하여 발음하기 때문이죠. 그럼 이런 예를 본문 21쪽과 56쪽에서 확인해 볼까요?

> Mr. Bingley quickly made the (①) of the important people in the room.

① **acquaintance** 어때요? [어퀘인턴ㅅ]가 아니라 [어쿠에인턴ㅅ]로 발음했지요?

> I think Georgiana Darcy has no (②) in beauty, intelligence, and accomplishments.

② **equal** qu를 뒤에 오는 모음 a와 분리하여 [이쿠얼]에 가깝게 발음한 것을 알 수 있어요.

02 빼면 쉬워져요~

3개의 자음이 연이어 나오면 중간 자음은 생략하세요.

영어에는 자음 3개가 연이어 나오는 단어가 많은데요, 원어민은 이런 단어를 어떻게 발음할까요? 모음 없이 자음만으로 이어진 단어는 발음하기가 쉽지 않아 중간 자음을 아예 빼고 발음한답니다. 그럼 본문 23쪽과 124쪽에서 중간 자음의 생략을 확인해 볼까요?

> Oh, she's tolerable, but not attractive enough to (①) me.

① **tempt** [템프트]가 아니에요. 연이은 자음 -mpt-에서 중간 자음 p를 생략하여 [템트]로 발음하세요.

> I must express my gratitude for your (②) to Lydia.

② **kindness** [카인드니스]로 들렸지요? 중간 자음 d를 생략하면 훨씬 발음하기 쉽답니다.

03 모음 사이에서는 부드럽게~

강모음과 약모음 사이에서 t는 [ㄹ]로 발음돼요.

t가 강모음과 약모음 사이에 오는 경우 본래 발음인 [ㅌ]가 아니라 [ㄹ]로 흘려서 발음된다는 사실, 알고 계신가요? 이는 미국식 영어가 부드러운 발음을 선호하기 때문인데요, 이처럼 모음 사이에서 t가 [ㄹ]로 발음되는 예를 본문 52쪽과 120쪽에서 살펴볼까요?

And it doesn't (①) to me that you are poor.

① **matter** [매터]일 것 같지만 [매러]로 발음했어요.

But she received them politely, with no (②).

② **bitterness** 어때요? t가 [ㄹ]로 발음되어 [비러니ㅅ]로 들리지요?

[어]를 첨가하여 감칠맛 나게!

[i] 뒤에 오는 l은 [어]를 넣어서 약하게 발음하세요.

---

ill을 어떻게 발음할까요? 그냥 [일]이라고 하는 건 아니겠죠? [i] 뒤에 오는 l은 [어]를 넣어서 약하게 발음한답니다. 따라서 ill은 [이얼]로 발음해 주세요. 마찬가지로 -il, -eal, -eel도 [어]를 넣어서 원어민처럼 감칠맛 나게 발음하세요. 그럼 본문 54쪽과 98쪽에서 이런 예를 살펴봐요.

> "Yes, or I will never see her again!" replied Mrs. Bennet in a (①) voice.

① **shrill** 살짝 [어]를 넣어 [슈리얼]로 발음해 주세요.

> Mr. Gardiner had some business to (②) with.

② **deal** [디얼]에 가깝게 발음해서 영어의 맛을 살리세요.

...얼

오만과 편견

1장 │ 적당한 배필

`p.14~15` 상당한 재력이 있는 독신남에게
아내가 필요하다는 것은 보편적으로 인정되
는 진리다. 그런 남자가 처음 이웃으로 이사
올 때 그의 감정에 대해서는 거의 알려진 바
가 없다고 해도, 이 진리만큼은 그의 새
이웃들에게 아주 분명하다. 사람들은
그를 자신들의 딸들 중 하나에 걸맞은
장래 신랑감으로 여겨 버린다.

하트퍼드셔 시골의 어느 귀족 저택에 베
넷 내외와 그들의 다섯 딸인 제인, 엘리자베스, 메리, 키티, 리디아가 살았다. 베넷 씨
는 말수가 적고, 재치 있으며 다소 냉소적인 사람이었다.

그의 아내는 그와는 정반대였다. 그녀는 몹시 신경질적이었고, 그다지 똑똑하지 못
했으며 상식이 모자랐다. 그러나 그녀는 인생에서 일편단심으로 하나의 목표를 두고
있었는데, 다름아닌 자신의 딸들 각자에게 걸맞은 남편을 얻어 주는 것이었다.

`p.16~17` 어느 날, 베넷 부인은 매우 들떠서 집에 도착했다. 그녀는 근처에 있는 넓
은 사유지, 네더필드 파크가 마침내 새 세입자에게 임대되었다고 들었던 것이다.

"그 사람 이름이 빙리래요. 미혼인 데다가, 연 수입이 오천 파운드래요. 우리 딸들에
게 참으로 잘된 일이지 뭐예요! 그 사람이 십중팔구 우리 딸들 중 하나와 사랑에 빠질
테니, 당신은 반드시 그 사람을 방문해야 해요!" 그녀가 남편에게 말했다.

"내가 그 사람을 찾아갈 이유는 없소만 당신과 애들은 가도록 하구려. 내가 비록 리
지를 추천하겠지만, 그 사람이 우리 딸들 중 누구를 고르든 결혼을 허락한다는 편지를
써 주리다." 베넷 씨가 말했다.

"그러지 마세요! 당신이 리지를 제일 총애하긴 해도, 리지는 제인만큼 예쁘지도 않
고 리디아 반만큼 명랑하지도 않다구요." 베넷 부인이 날카롭게 말했다.

"그 애들은 추천할 만한 구석이 별로 없소. 전부 다른 여자애들처럼 어리석고 무식
한데 리지는 제 언니나 동생들보다 좀 영리하잖소." 그가 대답했다.

"베넷 씨, 어떻게 그런 식으로 당신 자식들을 욕할 수 있어요? 당신은 절 괴롭히는 게 즐겁죠. 제 약한 신경을 가엾게 여기지 않잖아요." 베넷 부인이 소리쳤다.

p.18~19 "여보, 당신은 날 오해하는구려. 난 당신의 신경을 무척이나 존중한다오. 그들은 내 오랜 친구인걸. 내가 지난 이십 년 이상 당신이 끊임없이 그 신경을 들먹이는 걸 들어 왔잖소." 베넷 씨가 말했다.

"당신은 내가 겪는 고통을 몰라요!" 베넷 부인이 말했다.

"내 확신하건데 당신은 고통을 극복하고 살아서 더 많은 부유한 청년들이 이웃으로 오는 걸 보게 될 게요."

"당신이 방문을 안 하면 우리도 못할 텐데, 그런 청년 스무 명이 이웃에 온다고 해도 소용없잖아요." 베넷 부인이 토라지며 말했다.

"여보, 스무 명이 온다면야 내가 분명 모두 방문한다고 믿어도 될 게요." 베넷 씨가 말했다.

베넷 씨는 빙리 씨를 방문할 의사가 없다는 점을 계속해서 부인에게 납득시켰지만, 그는 네더필드를 가장 먼저 방문한 사람들 중 하나였다. 그는 아내를 놀리는 것이 재미있어서 나중에까지도 아내와 딸들에게 알리지 않았던 것이다. 그들이 메리턴에서 열리는 무도회에서 빙리 씨를 만나게 될 것이라고 베넷 씨가 말했을 때, 베넷 부인과 딸들은 점점 커지는 기대감 속에서 기다렸다.

p.20~21 무도회 날 저녁, 빙리 씨가 도착했을 때 이미 베넷 일가와 다른 참석자들 대부분이 모여 있었다. 그는 자신의 두 누이와 매형, 그리고 네더필드에 같이 묵고 있는 다른 청년과 함께였다. 빙리 씨는 잘생기고 예의

바른 청년이었다. 그의 누이들도 매혹적인 상류 사회의 여인들인 데다가 그의 매형은 유쾌했다. 하지만 가장 깊은 인상을 남긴 것은 다름아닌 그의 친구 다아시 씨였다. 그는 키가 크고 잘생긴 데다가 연 소득이 만 파운드라는 소문이었다. 남녀 모두가 무도회 저녁의 중반 가량, 즉 그의 태도가 모두를 정떨어지게 만들기 전까지는 그를 동경했다.

빙리 씨는 방에 있는 주요 인사들과 금방 안면을 텄다. 그는 생기 넘치고 상냥했으며,

나오는 춤곡을 다 추었고, 곧 네더필드에서 무도회를 열겠다고 말했다. 그와 대조적으로, 그의 친구는 빙리 씨의 누이들하고만 춤을 추었으며 다른 여자들에게 소개되는 것을 거부했다. 사람들은 이를 알아채고 그가 오만하고 건방지다고 생각했다.

p.22~23 저녁 시간 동안, 엘리자베스 베넷은 춤추는 사람들을 구경하다가 다아시와 빙리의 대화를 우연히 듣게 되었다.

"이리 오게, 다아시. 자네가 이렇게 혼자 서 있는 걸 보기가 언짢네. 자네도 춤을 춰야지." 빙리가 말했다.

"당치 않네. 자네도 알지만 난 파트너와 아는 사이가 아니면 춤추는 걸 싫어하고, 이곳엔 내가 만나고 싶은 사람이 아무도 없네. 자네 누이들 말고는 이 방에 매력적인 여자가 단 한 명밖에 없는데 자네가 그 여인과 춤을 추고 있잖나." 다아시가 말했다.

그는 이 말을 하면서 제인 베넷을 똑바로 쳐다 보았다.

"아, 맞네! 제인 베넷 양은 내가 본 중에서 가장 아름다운 사람이야! 하지만 그녀의 여동생들 중 한 명이 자네 뒤에 앉아 있는데 그 동생도 아주 예쁘고 상냥해." 빙리가 말했다.

"누구를 말하는 건가?"라고 말하며 다아시는 몸을 돌려 엘리자베스를 보았다. "아, 웬만하긴 한데, 내 마음을 끌 정도로 매력적이지는 않군. 자네 나와 시간 낭비만 하고 있으니 파트너에게나 돌아가는 게 좋겠네."

빙리는 그의 조언에 따랐고 다아시는 자리를 떠났다. 엘리자베스는 다아시가 무례하다고 생각했지만, 친구들과 가족들에게 대화 내용을 반복해 주면서 웃어 버렸다. 그녀는 명랑한 성격의 소유자였고 터무니없는 것을 재미있어 했다.

p.24~25 저녁 시간은 즐겁게 지나갔고 베넷 부인은 제인이 빙리로부터 관심을 받아서 기뻤다.

가족들이 집에 도착했을 때 베넷 부인이 말했다. "오, 여보! 빙리 씨가 제인과 두 번이나 춤을 췄어요. 두 번이나요! 다른 여자들과는 모두 한 번씩만 췄는데 말이에요. 그리고 그 사람은 참 잘생기고 그 누이들도 매력적인 숙녀들이에요. 하지만 그의 친구라는 다아시 씨는 건방지고 불쾌한 사람이었어요. 다들 그렇게 말하던걸요! 게다가 그 사람은 리지를 모욕했다구요. 아유, 난 그 사람이 너무 싫어요."

제인과 엘리자베스가 둘만 있을 때, 제인은 자신이 빙리 씨를 얼마나 흠모하는지 말했다.

"그분이 나한테 두 번째 춤을 신청했을 때 우쭐하면서도 놀랐어."

"난 놀라지 않았어. 그리고 언니도 놀라면 안 되지. 언니가 거기서 제일 예뻤단 말이야. 빙리 씨는 아주 마음씨가 좋은 것 같아서 난 언니가 그 사람을 좋아하는 게 기뻐. 언니는 더 시시한 남자들도 많이 좋아했잖아." 엘리자베스가 말했다.

"리지!"

"에이, 언니, 언니는 모든 사람이 착하다고 생각하잖아. 그리고 절대로 다른 사람한테서 단점을 보지 않는다니까."

p.26~27 그 후로 빙리는 제인을 만날 때마다, 그녀를 흠모하는 것이 확실해 보였다. 그리고 비록 제인이 자신의 감정을 숨기고는 있지만, 엘리자베스는 제인도 사랑에 빠졌다는 것을 알 수 있었다. 엘리자베스는 절친한 친구 샬롯 루카스에게 이 사실을 말했다.

"하지만 제인이 감정을 숨기면 빙리 씨는 관심이 없어질지도 몰라. 남자들은 사랑하도록 부추겨야 한다구." 샬롯이 말했다.

"어쩌면 언니가 자기 감정을 확신하지 못하는 거겠지. 빙리 씨를 안 지가 겨우 2주밖에 되지 않았고, 그 시간이 그분의 성격을 알기에 충분하지 않잖아." 엘리자베스가 말했다.

"나도 제인의 성공을 바라지만 결혼 생활의 행복이란 운수소관이야. 제인이 빙리 씨와 내일 결혼해서 행복해질 확률이나 일 년 동안 관찰해 본 뒤에 행복해질 확률이나 같아. 결혼 후에도 배우자의 단점들을 알 시간은 충분하다구." 샬롯이 말했다.

"샬롯, 웃기지 마. 네 추론에는 헛점이 있고 너도 그걸 알 거야. 너 자신도 그렇게 하지는 못할걸." 엘리자베스가 말했다.

p.30~31 엘리자베스는 제인과 빙리 사이의 연애에 정신이 팔려서 자신에 대한 다아시의 관심이 커지고 있다는 것을 알아채지 못했다. 이 일은 그에게 서서히 벌어졌다. 다아시는 자신의 친구들에게 그녀가 예쁘지 않다고 말하자마자 그녀의 얼굴이 지적이고 표정이 풍부하다는 것을 알게 되었다. 성격은 명랑하고 호감을 주는 데다가, 비록 완벽하진 않지만 그녀의 몸매가 날씬하고 보기 좋았다.

어느 날 저녁 파티에서, 그가 춤추는 사람들을 보며 엘리자베스를 생각하고 있을 때 캐롤라인 빙리가 그에게 다가왔다.

"이 사람들이 따분하다고 생각하시는군요. 제 추측이 맞죠?" 그녀가 말했다.

"틀렸습니다. 미인의 아름다운 두 눈에서 느낄 수 있는 큰 즐거움에 대해 생각하던 참이었습니다." 다아시가 대답했다.

"누구를 염두에 두고 하시는 말씀이죠?"

"엘리자베스 베넷 양이오." 다아시가 대답했다.

"엘리자베스 베넷 양이라구요! 충격적이군요. 결혼은 언제 하실 건가요?" 빙리 양이 소리쳤다.

"모든 여자들이 그렇듯이, 당신의 상상력도 지나치게 앞서가는군요. 흠모에서 사랑, 그리고 사랑에서 결혼은 지나친 비약입니다."

"그렇지만 제가 보기엔 당신은 진심인 것 같은데요. 그리고 베넷 부인도 당연히 매력적인 장모님이 되실 거예요. 그렇고 말고요. 그분은 항상 당신과 함께 펨벌리에서 지내려 하실 테니."

캐롤라인 빙리가 베넷 일가에 대해 계속 빈정대며 말하는 동안 다아시는 철저히 냉담하게 듣고 있었다.

p.32~33 며칠 후, 빙리의 누이들로부터 제인을 저녁 식사에 초대한다는 편지가 도착했다. 빙리와 다아시는 장교들과 시내에서 저녁 식사를 할 것이므로 남자들이 동석하지 않는 저녁 시간이 될 것이었다.

제인은 어머니에게 마차를 쓰겠다고 허락을 구했다.

"오, 안 되지. 말을 타고 가거라. 오늘 비가 올 것 같으니 그 댁에서 하룻밤 묵어야 할 게다." 베넷 부인이 구름 낀 하늘을 보며 말했다.

제인이 출발하고 잠시 후에 비가 오기 시작하더니 밤새

도록 내렸다. 제인은 집에 오지 않았다. 다음 날 아침, 네더필드에서 하인이 제인의 편지를 가지고 왔다. 제인이 몸져누워 의사가 오기를 기다리는 중이라고 했다.

베넷 씨는 아내를 놀렸다.

"만약 제인이 죽으면, 그건 빙리 씨에게 깊은 인상을 주겠다고 애를 보낸 당신 책임이오."

"아유! 사소한 감기로 사람이 죽지는 않아요!" 베넷 부인은 화를 내며 말했다.

엘리자베스는 제인이 걱정되어 만나고 싶었는데, 말을 타는 데 자신이 없어서 네더필드까지 걸어가기 시작했다. 들판을 연이어 가로지르고 울타리와 웅덩이를 건너뛰었다.

엘리자베스가 네더필드에 도착했을 때 스타킹과 치맛단에 진흙이 묻어 있었다. 그녀를 보고 캐롤라인 빙리가 가장 놀랐다. 캐롤라인은 엘리자베스의 진흙투성이인 옷뿐만 아니라 동행인도 없이 걸어서 왔다는 것에 대해서도 충격을 받았다.

의사가 와서 제인에게 침대에 계속 누워 있으라고 했기 때문에 엘리자베스도 그곳에 머물면서 제인을 간호하라는 권유를 받았다. 베넷 가에 소식을 전하러 하인이 보내졌다.

p.34~35 이틀 후, 제인은 저녁 식사 후에 잠깐이나마 방 밖으로 나올 정도로 상태가 호전되었다. 빙리는 그녀가 나아진 것을 보고 몹시 기뻐했다. 그는 제인에게 지나칠 정도로 관심을 쏟고, 제인 옆에 붙어 앉아서는 저녁 내내 다른 사람에게는 거의 말도 하지 않았다.

다아시는 책을 읽고 엘리자베스는 자수를 놓는 사이 캐롤라인은 다아시의 옆에 앉아 책을 읽는 척하고 있었다. 얼마 후, 캐롤라인은 책을 내려놓고 방을 왔다 갔다 하기 시작했다. 곧, 그녀는 엘리자베스에게 같이 걷자고 했다. 엘리자베스는 놀라기는 했지만, 승낙했다.

그런데 캐롤라인이 다아시에게 함께 걷자고 청하자, 그는 거절했다. 그는 함께 걷지 못하는 데는 두 가지 이유가 있다고 말했다. 캐롤라인이 엘리자베스에게 그 이유가 뭔지 짐작할 수 있겠느냐고 물었다.

"아뇨, 그렇지만 다아시 씨를 실망시키는 가장 좋은 방법은 묻지 않는 거죠." 엘리자베스가 말했다.

다아시를 실망시키고 싶지 않았던 캐롤라인은 그에게 이유를 설명해 달라고 했다.

"두 분이 서로에게 말할 비밀이 있기 때문에 함께 걷는 것이거나, 아니면 걸을 때 자태가 더 멋져 보이는 것을 두 분은 알기 때문에 함께 걷는 것이지요. 제가 함께 걷게 되면, 두 분이 비밀을 나누는 데 방해가 될 겁니다. 그리고 제가 두 분의 몸매에 감탄하기를 바라신다면, 제가 여기 앉아 있어야 더 쉽게 그리 할 수 있지요." 다아시가 말했다.

p.36~37 캐롤라인이 소리질렀다. "괘씸해라! 베넷 양, 다아시 씨를 어떻게 벌줄까요?"

"빙리 양께서 다아시 씨를 아시니까 어떻게 골려 줘야 할지 아시겠네요. 다아시 씨는 단점이 없나요?" 엘리자베스가 말했다.

"물론 나에게도 단점이 있소. 하지만 난 비웃음을 살 만한 단점은 피하려고 평생 노력해 왔습니다." 다아시가 말했다.

"허영심이나 오만과 같은 단점 말이죠?" 엘리자베스가 물었다.

"그렇소, 허영심은 단점이오. 그렇지만 오만은 지성이 뛰어난 경우에는 언제나 잘 통제되죠."

엘리자베스는 웃음을 참으며 말했다. "그럼 다아시 씨는 단점이 전혀 없나요?"

"난 그렇게 말하지 않았소. 나에게도 몇 가지 단점은 있습니다. 난 너무 진지하고 다른 사람들의 어리석은 행동과 부도덕함 혹은 나에 대한 모욕을 쉽게 용서하지 못합니다. 나에게 한번 잘못 보이면 그것으로 영원히 끝이오." 다아시가 대답했다.

엘리자베스가 소리쳤다. "그건 심각한 단점이네요! 그토록 용서하지 않는 것은 심각한 성격상의 결함이긴 한데 공교롭게도, 우스운 단점이 아니라서 다아시 씨를 놀릴수가 없네요."

"누구나 최고의 교육을 받는다고 해도 고치지 못하는 성격상의 어떤 단점이 있다고 생각합니다." 다아시가 말했다.

"그리고 당신의 그런 단점은 사람들을 미워하는 버릇이죠." 엘리자베스가 말했다.

"그리고 당신의 단점은 일부러 사람들을 오해하는 거구요." 다아시가 웃으며 답했다.

"우리 음악이나 듣죠!" 이들의 대화에 질투가 난 캐롤라인이 소리쳤다.

대화가 끝나고 음악이 시작되자 다아시는 안심이 되었다. 다아시는 엘리자베스에게 지나치게 관심을 갖는 것의 위험을 느끼기 시작했고, 그녀에게 말할 때 조심해야 된다는 것을 깨달았다.

p.38~39　이튿날, 제인은 건강 상태가 훨씬 좋아져서 네더필드를 떠나기로 결심했다. 빙리는 걱정되고 슬펐지만, 마지못해 마차를 불러 베넷 자매를 집으로 보내 주었다. 다아시에게는 두 자매가 떠나는 것이 환영할 만한 소식이었는데, 그는 엘리자베스가 그 집에 계속 머무는 것이 심적으로 무척이나 불편했고 그만하면 네더필드에 충분히 머물렀다고 생각했기 때문이었다.

제인과 엘리자베스가 집에 막 도착했을 때 베넷 씨의 사촌인 콜린스 씨에게서 편지가 왔다. 그는 젊은 성직자였는데, 베넷 씨에게 아들이 없었기 때문에 베넷 씨가 죽으면 롱본을 물려 받기로 되어 있는 사람이었다. 이러한 사태는 베넷 부인의 분노를 일으켰다. 그녀는 남편이 먼저 죽으면 딸들과 함께 집 없이 무일푼으로 쫓겨나게 되어 있었다.

콜린스 씨는 자신이 며칠 뒤 베넷 일가를 방문할 것이며 베넷 씨의 딸들에게 자신의 상속 규정에 대해 보상하고 싶다고 썼다. 베넷 일가는 편지를 읽고 어리둥절했지만 베넷 부인은 자신의 딸들을 돕겠다는 그의 제안에 감동을 받았다.

p.40~41　콜린스 씨는 며칠 후 도착했고 가족 모두에게 지극한 공대를 받았다. 그는 살이 쪘으며, 격식을 차리고 다소 점잖을 빼는 사람이었다.

그는 최근에 자신의 후원자인 켄트의 캐더린 드 버그 부인으로부터 헌스퍼드 교구의 성직자로 임명되었고 집과 땅을 하사 받았다. 그리고, 캐더린 부인은 이제 그가 안정된 수입이 있으므로 그에게 걸맞은 아내를 찾아야 한다고 주장했다.

저녁 식사 시간에, 콜린스 씨는 베넷 자매들의 미모와 훌륭한 저녁 식사에 대해 칭찬했다. 그런 다음 그는 캐더린 드 버그 부인에 대한 섬세하고도 별난 찬사를 늘어놓았다.

베넷 씨는 콜린스 씨에게 칭찬을 아주 능숙하게 한다고 말했다.

"자넨 칭찬이 즉흥적으로 생각나는 편인가, 아니면 연구를 하는 편인가?" 베넷 씨가 놀렸다.

"전 혼자 있을 때 종종 칭찬을 연습합니다. 하지만 최대한 자연스럽게 들리도록 노력하지요." 콜린스 씨가 진지한 목소리로 말했다.

베넷 씨는 콜린스 씨가 무척이나 바보 같다고 생각되었고, 그래서 계속 그를 놀려댔는데 얼마 되지 않아, 콜린스 씨가 자신의 후원자에 대해 쉴 새 없이 얘기하는 통에 베넷 일가 모두를 지루하게 만들었다. 하지만 나중에 베넷 부인은 콜린스 씨가 자신의 딸들 중 하나와 결혼하기를 원한다는 것을 알고 기뻐하면서 제인이 곧 빙리 씨와 약혼하게 될 것 같으니 엘리자베스에게 청혼하라고 그를 부추겼다.

p.42~43 그날 오후, 콜린스 씨는 자신의 사촌들과 메리턴까지 산책을 갔다. 어린 두 숙녀들은 그곳에 주둔해 있는 연대 소속 중 자신들이 아는 장교들 몇몇을 우연히 만날 거라는 기대에 들떠 있었다. 그들이 걸어가는 동안, 콜린스 씨는 쉴 새 없이 말했고 자매들은 비록 예의 바르게 듣는 것처럼 보이긴 했지만 곧 지루해졌다.

메리턴에 다다르자, 키티와 리디아는 즉시 자신들의 관심사를 콜린스 씨에서 시시덕거릴 만한 장교를 찾는 데로 돌렸다. 곧, 둘은 자신들이 아는 장교가 잘생긴 젊은 신사와 걸어가는 것을 보았다. 둘은 그 장교에게 다가가서 소개를 부탁했는데, 소개는 바로 이루어졌다. 그 신사의 이름은 위컴 씨였고 그는 체격이 좋고 목소리도 매우 듣기 좋았다.

그들이 서서 다정하게 담소를 나누고 있을 때 빙리와 다아시가 길을 따라 그들 쪽으로 말을 타고 오는 것이 보였다. 빙리는 그들을 보고 기뻐하며 제인의 안부를 물었다. 다아시는 모자를 벗고 인사를 했으며 엘리자베스를 응시하지 않으려다가 위컴을 보게 되었는데, 위컴도 마찬가지로 다아시를 알아봤다. 엘리자베스는 두 남자가 가볍게 목례를 하기 전 얼굴이 창백해지는 것을 보았다. 엘리자베스는 그것이 과연 무엇을 의미하는지 궁금했고 알고 싶었다. 잠시 후, 빙리와 다아시는 말을 타고 가버렸다.

3장 | 불명예스러운 비밀

p.46~47 다음 날 저녁, 베넷 자매들과 콜린스 씨는 한 친구 집의 저녁 식사와 카드놀이에 초대되었다. 엘리자베스는 위컴도 초대된 것을 알고 매우 기뻤고 다른 사람들은 카드놀이를 하고 있는데 위컴이 자신의 곁에 앉자 더욱 더 기뻤다.

"어제 다아시 씨와 제가 나눈 인사가 냉랭했던 것을 아마 알아채셨을 겁니다. 다아시를 잘 아시나요?" 위컴이 말했다.

"알고 싶은 만큼은요. 아주 불쾌한 분이라고 생각해요." 엘리자베스가 말했다.

"놀랍군요. 대부분의 사람들은 그의 재력과 예의범절에 감명을 받죠. 하지만 전 다아시를 어릴 적부터 잘 압니다. 그의 아버님은 훌륭한 분이셨고 제 아버님이 돌아가시자, 저를 돕겠다고 약속하셨어요. 그분은 유언장을 통해 제게 돈과 땅, 그리고 성직을 마련해 주셨지만, 다아시는 그것을 다른 사람에게 줘 버렸습니다."

"충격적이군요! 그렇게 자존심 강한 사람이 어떻게 그토록 비열하게 행동할 수 있었을까요?" 엘리자베스가 말했다.

"다아시의 자존심이 그가 하는 모든 행동에 영향을 주는 것은 사실입니다. 다아시는 가문의 이름을 자랑스러워 하고 가난한 사람들을 돕기 위해 자신의 재산과 지위를 사용하지만 때로는 증오 같은 다른 감정들에 의해 충동되기도 합니다." 위컴이 말했다.

바로 그때, 콜린스 씨가 큰 소리로 캐더린 드 버그 부인을 찬미하는 소리가 들렸다. 위컴은 엘리자베스에게 캐더린 부인이 다아시의 이모라고 말해 주었다.

"그분의 따님은 막대한 재산을 물려받게 되는데 캐더린 부인은 딸이 다아시와 결혼할 것으로 기대하고 있습니다." 위컴이 덧붙였다.

카드놀이가 끝났고, 위컴은 다른 손님들과 어울리기 시작했다. 엘리자베스는 그 대화를 통해 많은 것을 알게 되었고 그 외 다른 것에 대해서는 생각할 수가 없었다.

p.48~49 사흘 후, 빙리는 네더필드에서 무도회를 열었다. 엘리자베스는 위컴과 시간을 보낼 것으로 기대하며 신이 나서 도착했지만, 그가 오지 않았음을 알게 되었을 뿐이었다. 리디아가 장교들에게 물어보고 위컴이 시내에 볼 일이 있어서 빙리의 초대를 거절했음을 알아냈다.

'다아시와 대면하는 것을 피하고 싶어서가 아니었다면 위컴이 초대를 거절했을 리 없어.' 엘리자베스는 생각했다.

이 일로 엘리자베스는 화가 나서 다아시와 절대로 말을 섞지 않겠노라고 결심했지만, 본래 성미가 까다롭지 않았기 때문에 샬롯을 보자 곧 기분이 유쾌해졌다.

엘리자베스는 재빨리 샬롯에게 콜린스 씨를 가리키며 자신이 알고 있는 그의 별난 성격에 대해 모두 일러 주었다. 잠시 후, 콜린스 씨가 다가와서 엘리자베스에게 처음 두 곡의 춤을 청했다. 그는 동작이 어색하면서도 열심인 파트너였는데, 자신도 모르게 자주 동작을 틀렸다. 그런 행동이 엘리자베스를 난처하게 만들었고 그녀는 두 번째 춤이 끝나자 헤어나게 되어 무척 기뻤다.

p.50~51 엘리자베스가 샬롯과 얘기하고 있는데 다아시가 갑자기 나타나서 엘리자베스에게 춤을 청했다. 그의 행동이 엘리자베스를 너무나 깜짝 놀라게 한 나머지 그녀는 생각할 겨를도 없이 허락해 버렸다. 그는 춤을 잘 추었지만, 둘은 몇 분 동안 서로 한 마디도 하지 않았다. 결국, 엘리자베스가 다아시에게 자신이 어떻게 위컴을 만나게 되었는지 말을 꺼냈다.

"위컴은 친구 사귀는 데는 재주가 있소. 친구 관계를 유지하는 데는 재주가 없지만." 다아시가 말했다.

"그분이 당신과의 우정을 잃었으니 분명 운이 나빴어요. 그 때문에 평생 고통을 받을 테죠." 엘리자베스가 말했다.

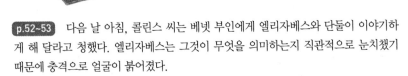

다아시는 대답하지 않았고 춤이 끝나자 둘은 말없이 헤어졌다.

저녁 식사 때, 베넷 부인은 제인과 빙리가 곧 결혼할 거라며 주변 사람들에게 큰 소리로 말했다. 엘리자베스는 창피해서 얼굴이 새빨개졌다. 저녁 식사 후에도 그녀의 당혹감은 계속되었는데, 동생 메리가 피아노를 치고 노래 부르겠다고 고집을 부렸던 것이다. 메리는 노래나 피아노 실력이 좋지 않았지만 본인은 좋다고 믿고 있었다. 키티와 리디아도 낄낄 웃으며 넓은 방을 뛰어다녔고 장교들과 시시덕거리며 큰 소리로 떠들었다. 그 다음엔 콜린스 씨가 교회에서 자신이 하는 일에 대해 길고도 바보 같은 연설을 늘어놓았다. 엘리자베스가 보기에 자신의 식구들은 창피하고 싶어서 기를 쓰는 것 같았다.

p.52~53 다음 날 아침, 콜린스 씨는 베넷 부인에게 엘리자베스와 단둘이 이야기하게 해 달라고 청했다. 엘리자베스는 그것이 무엇을 의미하는지 직관적으로 눈치챘기 때문에 충격으로 얼굴이 붉어졌다.

베넷 부인이 말했다. "오, 그럼요. 물론이
죠. 둘이 있게 해 줄게요."

"제발, 엄마. 가지 말아요! 나도 같이
갈래요." 엘리자베스가 소리쳤다.

"넌 여기 있으면서 콜린스 씨의 말
씀을 듣거라!"라고 말하고는 베넷 부
인은 방을 나갔다.

콜린스 씨가 입을 열었다. "친애하
는 엘리자베스, 캐더린 부인께서 말씀
하시기를, 훌륭한 남자에게는 아내가 있

어야 한다고 하셨습니다. 이 댁에 오자마자 난 당신을 내 아내로 점 찍었습니다. 그리
고 당신이 가난한 것은 내게 문제가 되지 않습니다."

"청혼에 감사 드립니다만, 전 받아들일 수 없어요." 엘리자베스가 정중하게 말했다.

"아가씨들이 종종 첫 번째 청혼은 거절한다고 알고 있습니다. 때로 여자들은 남자
가 자신을 따라다니게 만들 요량으로 두세 번 거절하기도 하지요. 우리의 결혼식이 조
만간 거행되길 바랍니다." 콜린스 씨는 잘난 체하는 미소를 지으며 말했다.

"제발 제 말 좀 들으세요! 저는 콜린스 씨를 행복하게 해 드릴 수 없고 콜린스 씨도
절 행복하게 해 주실 수 없어요." 엘리자베스는 단호하게 말했다.

p.54~55 엘리자베스는 방을 나왔고, 몇 분 후, 그녀는 아버지의 서재로 불려 갔다.
그녀의 부모님이 그녀를 기다리고 있었다.

"네가 콜린스 씨의 청혼을 거절했다는 얘기를 들었다. 사실이냐?" 베넷 씨가 말
했다.

"네." 엘리자베스가 대답했다.

"그리고, 여보, 당신은 엘리자베스가 그 청혼을 받아들여야 한다고 주장하는 거지
요?" 베넷 씨가 말했다.

"그럼요, 안 그러면 전 얘를 다신 안 볼 거예요." 베넷 부인이 날카로운 목소리로 말
했다.

"어려운 선택을 해야겠구나, 엘리자베스. 네가 콜린스 씨와 결혼하지 않으면 네 엄
마가 널 안 볼 게다. 그리고 네가 콜린스 씨와 결혼을 하면, 내가 널 안 보련다." 베넷
씨가 태연하게 말했다.

"고맙습니다. 아버지." 엘리자베스가 안도의 한숨을 쉬며 말했다.

"베넷 씨, 무슨 말을 하고 있는 거예요? 엘리자베스가 콜린스 씨와 결혼하도록 밀어붙이기로 약속했잖아요!" 그의 아내가 소리 질렀다.

"당신이 오해한 거요. 여보. 난 그런 말은 안 했소. 자, 괜찮다면, 남은 오전 시간은 나 혼자 서재에 있고 싶구려." 그녀의 남편이 말했다.

그렇게 말하고는, 베넷 씨는 결혼 문제에 대한 그 이상의 논의에 종지부를 찍었다.

p.56~57 다음 날 캐롤라인 빙리가 보낸 편지가 제인에게 도착했고, 즉시 개봉이 되었다. 편지를 읽으면서 제인의 안색이 바뀌었다.

"캐롤라인이 그러는데, 빙리 씨가 런던에 급한 볼 일이 있대. 리지야. 누이들하고 다아시 씨도 따라갔고, 올 겨울에는 돌아오지 않을 거래. 그런데 가장 마음 상하는 대목은 여기야. 들어봐. '다아시 씨는 자신의 여동생을 만나고 싶은 생각이 간절하고 우리도 그렇답니다. 제 생각엔 조지아나 다아시는 미모와 지성, 그리고 교양에 있어서 견줄 사람이 없답니다. 오빠는 그녀를 무척이나 흠모하고, 또 전 오빠가 그녀와 결혼하기를 바라고 있어요.' 캐롤라인은 내가 자신의 올케가 되는 걸 바라지 않는 데다가, 자신의 오빠가 날 좋아하지 않는다고 확신하는 것이 분명하지 않니?" 제인이 말했다.

"아냐. 캐롤라인은 자기 오빠가 언니를 사랑하는 걸 알지만 다아시 양과 결혼하기를 바라니까 두 사람을 떼어 놓으려는 심사인 거지." 엘리자베스가 말했다.

제인은 슬프게 고개를 저으며 말했다. "캐롤라인이 나에게 거짓말할 리는 없고 난 그저 그녀가 잘못 판단했기를 바랄 뿐이야. 하지만 상황이 달라진다 해도 남자 쪽 여동생들이나 친구들 모두가 그가 다른 누군가와 결혼하기를 바라는 상황이라면 내가 어떻게 기쁜 마음으로 그 남자의 청혼을 받들일 수가 있겠어?"

"언니에게 더 중요한 것이 빙리 자매들을 불쾌하게 만드는 것인지 빙리 씨의 아내가 되는 기쁨인지 마음을 정해야지."

"리지야, 그분의 누이들이 찬성하지 않는다면 내가 많이 슬프기는 하겠지만, 그분이 청혼을 한다면 난 주저 없이 승낙할 거야."

p.58~59 그날 저녁, 베넷 일가와 콜린스 씨는 루카스 일가와 정찬을 들었다. 샬롯은 콜린스 씨의 끝없는 연설에 확연히 관심을 보이며 경청했고, 엘리자베스는 무척 고마

웠다. 하지만 샬롯이 그에게 그토록 관심을 보인 것에는 나름의 이유가 있었는데, 그녀는 그의 관심을 자기 쪽으로 돌리고 싶었던 것이다. 그날 저녁 콜린스 씨가 그녀의 집을 떠날 때쯤 샬롯은 성공을 거의 확신하고 있었다.

다음 날 아침, 콜린스 씨가 루카스 댁에 와서 샬롯에게 청혼하자 그녀의 기대는 실현되었다. 그녀는 즉시 승낙했고 그녀의 부모도 기뻐했다.

그날 늦게 샬롯은 엘리자베스에게 자신의 약혼 사실에 대해 말해 주었다.

"말도 안 돼!" 엘리자베스가 소리쳤다.

"놀랄 만한 일인 걸 알아. 겨우 이틀 전만 해도 그분이 네게 청혼했으니. 하지만 난 그분에게 용기를 북돋아 주었고 그분이 청혼해 주길 기도했어. 리지야, 난 너처럼 낭만적이지 않아. 난 스물 일곱 살인 데다가 예쁘지도 않아. 난 편안하고 안정적인 가정을 원할 뿐이고, 내 결혼이 다른 사람들의 결혼 못지않게 행복할 거라고 믿어." 샬롯이 말했다.

"물론이지."라고 엘리자베스가 말하긴 했지만 그녀는 확신이 서지 않았고 결혼 후에도 샬롯과의 우정이 지속될지 의문스러웠다.

4장 | 로징스 파크의 여주인

p.62~63 12월에 베넷 부인의 남동생과 그의 아내가 크리스마스를 지내려고 롱본에서 왔다. 가디너 씨는 교육을 잘 받은 신사였으며 자신의 누이보다 훨씬 더 상식적이었는데, 가디너 부인은 지적이고 우아한 여인으로 조카딸 모두에게 인기가 좋았다.

제인과 엘리자베스는 종종 런던으로 외숙모를 만나러 가곤 했고 둘은 가디너 부인이 가장 좋아하는 조카들이었다. 엘리자베스가 외숙모에게 제인과 빙리에 대해 이야기해 주고, 그들의 관계가 끝나서 제인이 슬퍼하고 있다고 말하자, 외숙모는 즉시 제인에게 크리스마스 후에 자신들과 함께 런던으로 가자고 했다. 제인은 기뻐하며 초대에 응했다.

크리스마스 기간 동안 위컴은 롱본을 자주 방문했다. 그는 곧 자신이 가디너 부인과 같은 주 출신인 것을 알게 되었고, 위컴과 가디너 부인은 두 사람 모두가 알고 있는 사람들에 대해서 얘기를 나눴다. 가디너 부인은 위컴이 재미있는 사람이라고 생각했지만 엘리자베스에 대한 그의 마음을 알 수 없었다.

"리지야, 조심해라. 그 사람은 멋진 청년이지만 돈이 없잖니. 그 사람과 결혼하는 것은 현명하지 않을 게야." 가디너 부인이 말했다.

"그분이 내가 만나 본 사람 중에 가장 유쾌한 분이긴 하지만 사랑하는 건 아녜요. 하지만 그와의 결혼이 현명하지 못하다는 데에는 동의해요." 엘리자베스가 대답했다.

p.64~65 크리스마스 후, 가디너 씨 내외는 제인을 데리고 런던으로 돌아갔고 샬롯은 엘리자베스에게 작별 인사를 하러 왔다. 샬롯은 다음 날 결혼식이 끝나자마자 하트 퍼드셔를 떠나 켄트에 가기로 되어 있었다. 콜린스 씨를 거절한 엘리자베스를 여전히 용서하지 못했던 베넷 부인은 샬롯에게 고약한 말투로 여러 차례 행복을 기원한다고 말했다.

"나에게 편지 해. 그리고 3월에 우리 집으로 와서 같이 지내자." 샬롯이 엘리자베스에게 말했다.

엘리자베스는 그 방문이 고통스러울 거라고 생각했지만 친구에게 싫다고 말할 수가 없었다.

얼마 지나지 않아, 샬롯의 첫 편지가 도착했다. 그녀는 자신이 얼마나 편안하게 지내는지, 집이며 가구며 이웃이 얼마나 마음에 드는지, 캐더린 부인은 어찌나 친절하고 잘 보살펴 주는지를 즐거운 투로 써 놓았다. 자신의 남편에 대해서는 언급이 없었는데, 엘리자베스는 진상을 알려면 두 사람을 방문하게 될 때까지 기다려야 한다고 생각했다.

제인이 런던에서 보내온 여러 통의 편지에는 좋은 소식이 없었다. 한 달이 지났지만 제인은 여전히 빙리를 만나지 못했고 캐롤라인을 방문하긴 했지만 그녀는 자신의 오빠가 매우 바쁘다고 했다는 것이다. 캐롤라인이 제인을 답방했을 때, 친절하지도 않았고 아주 잠깐만 머물다 갔다고 했다. 제인은 이제 빙리가 자신을 절대로 좋아한 적이 없다고 믿고 있었다.

제인은 '내가 속고 있다고 느껴지는데, 왜 그런지는 모르겠어.'라고 썼다.

이 편지는 엘리자베스를 무척 고통스럽게 했다. 제인이 빙리와 결혼할 가능성은 완전히 사라진 것 같았다.

p.66~67 3월이 되어 켄트에 있는 샬롯을 만나러 갈 때가 되었는데, 가는 길에 런던에 있는 제인에게도 들르기로 했다. 엘리자베스는 일찍 출발해서 점심 때쯤 가디너 내외의 런던 집에 도착했다. 제인은 전과 다름없이 건강하고 사랑스러워 보였지만 가디너 부인의 말에 따르자면 제인이 가끔 침울하다고 했다. 엘리자베스는 불행한 상황이 오래가지 않기를 바라는 것 외에 사랑하는 언니를 돕기 위해 할 수 있는 일이 없었다.

그날 늦게, 엘리자베스는 목적지에 도착했고 샬롯은 그녀를 아주 반갑게 맞아 주었다. 콜린스 씨는 장황한 환영의 인사를 늘어놓았고, 그 다음엔 목사관의 역사와 가구에 대해서 아주 상세하게 설명했다. 그가 실없는 소리를 할 때마다, 그런 일이 잦았지만, 엘리자베스는 샬롯을 흘긋 쳐다 보았다. 한두 번 샬롯이 얼굴을 붉히긴 했지만 대개는 남편이 하는 말을 못 들은 척했다.

엘리자베스와 샬롯은 하트퍼드셔의 최근 소식에 대해 이야기하며 저녁 시간을 다 보냈다. 나중에, 엘리자베스는 방에 혼자 있으면서, 자신의 절친한 친구의 상황에 대해서 곰곰이 생각해 보았고 샬롯이 남편을 꽤 잘 참아 주는 좋은 아내라는 것을 인정하게 되었다.

p.68~69 엘리자베스와 집주인 내외는 다음 날 로징스 파크의 정찬에 초대되었고 콜린스 씨의 행복감은 극에 달했다.

캐더린 부인은 체격이 크고 뚜렷한 이목구비와 위엄 있는 목소리의 소유자였다. 그녀의 딸인 드 버그 양은 반대였는데, 매우 왜소하고 말랐으며 말수도 아주 적었다.

정찬은 매우 훌륭했고 콜린스 씨는 나오는 요리마다 찬사를 보냈다. 캐더린 부인은 샬롯에게 집안 살림을 올바르게 하는 법에서부터 닭 모이 주는 법에 이르기까지 모든 것에 대해 일일이 조언을 했다. 그러고 나서 엘리자베스 쪽을 보며 혹시 자매들 중에 사교계에 데뷔한 아가씨가 있는지 물었다.

"네, 부인. 전부요." 엘리자베스가 대답했다.

"전부라니! 뭐, 다섯 자매가 한꺼번에? 장녀가 결혼하기도 전에 막내가 사교계 출입을 한다고? 별일일세! 아가씨의 막내 동생은 분명 굉장히 어릴 텐데."

"네, 겨우 열 여섯입니다. 하지만 큰언니가 결혼할 때까지 동생들을 사교계에서 격리시키는 것은 부당하죠. 사이가 나빠질 수도 있구요."

"세상에! 아가씨는 솔직하게 의견을 말하는군. 나이가 몇이나 됐지?" 부인이 말했다.

"다 자란 동생이 셋이나 있는데, 부인께서는 제가 나이를 말할 거라고 생각하시진 않으시겠죠." 엘리자베스가 미소를 지으며 말했다.

"분명 스물이 넘었을 리는 없는데." 캐더린 부인이 말했다.

"아직 스물 한 살이 안 되었습니다."

떠날 때가 되자 엘리자베스는 안심이 되었다.

 p.70~71 일주일 후, 엘리자베스와 집주인 내외는 다시 로징스의 정찬에 초대되었다. 엘리자베스는 그곳에서 다아시를 보고 깜짝 놀랐고, 인사말 없이 무릎만 굽혀 인사했다. 그는 하트퍼드셔에서 그랬던 것처럼 쌀쌀맞고 수줍어 보였다. 그의 사촌인 피츠윌리엄 대령은 서른 살 가량 되어 보였고 평범한 외모였지만, 예의가 발랐다. 대령은 엘리자베스가 마음에 들어서 그녀의 옆자리에 앉았다.

그는 여행 얘기며 책과 음악 얘기를 했고, 엘리자베스는 그렇게 즐거울 수가 없었다.

다아시는 호기심 어린 눈으로 몇 번이나 두 사람 쪽을 바라보았다. 그들의 대화가 무척이나 즐거웠기 때문에 캐더린 부인의 관심을 끌게 되었고 부인은 그들이 무슨 얘기를 하는지 알려 달라고 했다.

"음악에 대해 얘기하는 중입니다." 피츠윌리엄이 말했다.

부인이 대꾸했다. "오, 음악! 재미있는 주제고 말고! 잉글랜드에서 나만큼 음악을 즐기는 사람도 없을 게다. 악기를 좀 다루나, 베넷 양?"

"조금요, 그렇지만 잘은 못합니다." 엘리자베스가 말했다.

"베넷 양, 겸손하게 그러는군요. 우리에게 연주를 들려줘요." 캐더린 부인이 대꾸했다.

엘리자베스는 피아노에 앉았고 피츠윌리엄은 그녀 가까이로 의자를 끌어다 앉았다. 다아시는 엘리자베스를 잘 볼 수 있게 피아노 옆에 와서 섰다.

p.72~73 두 번째 곡이 끝날 때, 엘리자베스는 공손하게 미소 지으며 말했다. "다아시 씨, 이처럼 격식을 차려 제 연주를 들으시다니 저를 겁주시려는 거군요. 하지만 저도 그 점에 있어서는 호락호락하지 않답니다."

"당신을 겁주려는 게 아니오. 어떤 경우라도 그건 불가능하다고 생각합니다만." 다아시가 대꾸했다.

엘리자베스는 실컷 웃고는 피츠윌리엄을 향해 말했다. "제가 대령님 사촌 분을 처음 뵌 것은 하트퍼드셔의 무도회에서였어요. 그런데 이분이 어떻게 행동했을 것 같으세요? 신사분들 수가 충분하지 않았는데도 춤을 겨우 네 번밖에 안 추셨어요."

"하지만 난 그곳에 아는 숙녀가 하나도 없었소. 어쩌면 사람들에게 날 소개해야 했겠지만, 난 모르는 사람들에게 말을 거는 게 곤혹스럽소. 나에겐 그런 재능이 없소." 다아시가 말했다.

"저는 피아노를 잘 치지는 못하지만 연습을 하면 실력이 나아진다는 건 알아요."

다아시는 미소를 지으며 말했다. "피아노를 잘 치시는데요. 실수를 하나도 못 들었습니다."

"베넷 양은 손가락 놀림이 좋긴 하지만 건반 터치감은 내 딸만 못하군요. 만약 딸아이의 건강이 더 좋았다면 얘는 기쁨을 주는 연주자가 되었을 거예요." 캐더린 부인이 말했다.

엘리자베스는 다아시가 그의 사촌에 대한 칭찬에 어떤 반응을 보이는지 살피려고 그를 힐끔 쳐다 보았는데, 그는 듣지 못한 것 같았다.

5장 | 놀라운 청혼

p.76~77 다음 날 아침, 콜린스 내외는 시내에 일이 있어 나가고, 엘리자베스는 제인에게 편지를 쓰고 있었는데 초인종이 울렸다. 놀랍게도, 온 사람은 다아시였으며 동행인이 없었다.

그는 엘리자베스가 혼자 있는 걸 알고 불편한 듯 보였고 예정에 없던 방문에 대해 양해를 구한 뒤 자리에 앉았다. 엘리자베스는 다아시가 말을 꺼내길 기다렸지만 그는 아무 말도 하지 않았고 그녀도 말을 하지 않았다.

결국, 길고도 불편한 침묵이 흐른 뒤에 다아시가 입을 열었다. "콜린스 씨가 부인을 아주 잘 선택한 것 같소."

"네. 그분을 받아들일 수 있는 분별 있는 아가씨는 별로 없을 거예요." 엘리자베스가 찬성하여 말했다.

"또 가족과 가까운 곳에 살게 되었으니 틀림없이 좋아할 테지요."

"샬롯은 친정에서 50마일이나 떨어져 있어요. 가깝다는 생각은 들지 않네요."

다아시는 미소를 짓고 엘리자베스를 뚫어지게 쳐다보면서 말했다. "당신은 하트퍼드셔에 대한 애착이 아주 강한 것 같습니다. 롱본과 바로 인접한 곳이 아니면 어디든 멀게 느껴지리라 짐작됩니다만. 하지만 롱본에 대한 강한 애착이 놀랍소. 늘 롱본에서만 살았던 것은 아닐 텐데."

엘리자베스가 깜짝 놀란 표정을 지어 보이자, 다아시는 급히 신문을 집어 들고 훑어보며 좀더 차분한 목소리로 말했다. "켄트 지방은 마음에 드시오?"

두 사람이 몇 분 동안 켄트에 대해 점잖고도 짤막한 대화를 나누고 있을 때 콜린스 내외가 돌아왔고, 그 후 다아시는 사제관을 떠났다.

p.78~79 그 후, 피츠윌리엄 대령과 다아시는 거의 날마다 사제관을 방문했는데, 둘이 함께 오기도 했고 따로 오기도 했다.

피츠윌리엄은 분명 엘리자베스와 샬롯과 함께 시간을 보내는 것이 즐거워 보였다. 그와의 대화는 엘리자베스에게 위컴과 나누었던 즐거운 시간들을 떠올리게 했는데, 피츠윌리엄이 위컴보다는 더 지적인 말동무였다.

그렇지만, 다아시가 왜 오는지는 명확하지 않았다. 그는 때로는 10분 동안 아무 말 없이 앉아 있기도 했다. 그리고 그가 입을 열 때는 엘리자베스의 눈에는 단지 예의를 차리려는 듯 보일 뿐이었다.

어느 날 아침 산책을 하던 중, 엘리자베스는 길에서 우연히 다아시를 마주치자 짜증이 났다. 다시 만나는 일이 없도록 하려고, 그녀는 다아시에게 그 길이 호젓하게 즐기는 혼자만의 산책로라고 일러 줬다. 그런데도 두 번, 심지어 세 번이나 그를 마주친 것은 이상한 일이었다. 둘의 대화는 늘 짧고도 어색해서 그녀는 사제관으로 돌아오면 늘 안심이 되었다.

p.80~81 어떤 날은, 다아시를 보고 놀라는 대신 피츠윌리엄을 마주치기도 했다. 늘 그렇듯이, 둘은 편안하게 대화를 시작했다.

잠시 후, 엘리자베스가 말했다. "빙리 씨와도 안면이 있으시다고 말씀하셨던 것 같은데요."

"빙리 씨를 조금은 압니다. 최근에 그분이 불행한 결혼을 할 뻔한 것을 막으려고 다아시가 개입했던 것으로 알고 있습니다."

"다아시 씨가 본인이 간섭한 이유를 말하던가요?" 엘리자베스가 차갑게 물었다.

"아가씨 쪽에 반대할 만한 이유가 있었던 것으로 압니다."

엘리자베스는 화를 참으려고 애쓰며 말했다. "우리가 전체 사정을 아는 것도 아니니 그분의 행동을 나무라는 것은 공정하지 않으리라 생각돼요. 하지만 다아시 씨는 왜 자신의 의견을 강요했죠? 아마도 두 사람이 사랑한 것이 아니었겠죠."

"아니었기를 바랄 뿐입니다." 피츠윌리엄이 생각에 잠겨 말했다.

엘리자베스는 서둘러 화제를 바꿨다.

그 후, 엘리자베스가 생각할 시간을 가지며 혼자 방에 있었는데, 흥분과 분노로 머리가 아파왔다. 저녁이 다가올수록 두통은 점점 더 심해져서, 엘리자베스는 다른 사람들과 함께하는 로징스의 정찬에 참석하는 대신 혼자 사제관에 남았다. 원래 몸이 안 좋은 이유도 있었지만 무엇보다 그녀는 다아시를 만나고 싶지가 않았다. 엘리자베스는 제인의 편지를 모두 다시 읽어 보았고 언니가 아직도 슬퍼한다는 것을 알 수 있었다. 문장을 하나씩 읽어 내려갈 때마다 다아시에 대한 분노가 커져 갔다.

`p.82~83` 엘리자베스가 생각에 깊이 잠겨 있을 때 초인종이 울렸다. 잠시 후, 놀랍게도 다아시가 방 안으로 들어섰다. 그는 재빨리 몸이 좀 나아졌는지 물었고 엘리자베스의 대답은 싸늘할 정도로 정중했다. 그는 얼마간 앉아 있다가 일어나서 방안을 왔다갔다 했다. 엘리자베스는 다아시가 불편해 하는 모습이 역력하자 놀랐다. 결국, 그는 엘리자베스 앞에 멈춰 섰다.

"난… 난 감정을 억제해 보려고 노력했는데 소용이 없었소. 더 이상 그렇게 할 수가 없습니다. 당신을 얼마나 열렬히 흠모하고 사랑하는지 말해야겠소." 그는 더듬거리며 말했다.

엘리자베스는 너무나 놀라서 말문이 막힌 채 그를 물끄러미 바라보기만 했다. 그녀의 침묵에 용기를 얻은 다아시는 그녀와 결혼하고 싶은 뜻을 밝혔다. 그는 자신의 사랑 앞에 놓인 장애물들, 이를 테면 그녀의 가문과 낮은 신분, 그리고 이러한 점들로 인해 그에게 초래되었던 문제들에 대해서 아주 자세하게 설명했다. 엘리자베스는 다아시가 그녀의 승낙을 예상하고 있음을 알 수 있었고, 그에 대한 깊은 혐오감에도 불구하고, 처음에는 그의 애정 표현에 기분이 우쭐했다. 하지만 그가 자신의 가족이 지닌 많은 결점들을 계속해서 자세하게 나열하자, 그녀도 점점 화가 났다.

다아시가 조용해지자, 엘리자베스는 차갑게 대꾸했다. "전 다아시 씨의 애정을 바란 적이 절대 없고, 다아시 씨도 그 애정을 얼마나 마지못해 주시는지 충분히 설명하셨습니다. 고통을 드리고 싶지는 않지만, 청혼을 받아들일 수 없습니다."

p.84~85 다아시는 화가 나서 얼굴이 창백해졌으며 침착해지려고 무척 애를 썼다.

"이것이 당신의 답변이오? 거절하더라도 왜 그다지 예의를 차리려 하지도 않는지 물어도 되겠소?"

엘리자베스가 대꾸했다. "저도 같은 질문을 해야겠네요. 결혼해 달라고 해 놓고는 본인의 모든 이성에 반해서 사랑한다는 말로 저를 모욕하시다니요. 당신에 대한 제 감정이 호의적이었다고 해도, 제가 사랑하는 언니의 행복을 망쳐 놓은 사람과 결혼할 수 있을 거라고 생각하나요? 당신이 그렇게 했다는 사실을 부인하시겠어요?"

다아시의 얼굴이 붉어졌지만 그는 재빨리 감정을 다스렸다.

"그렇소. 그 결혼을 막기 위해 내가 할 수 있는 일은 다 했소." 다아시는 차분하게 말했다.

"게다가 당신은 위컴 씨가 마땅히 받아야 할 모든 것을 빼앗았고 일생의 기회들을 망쳐 버렸어요."

"당신은 위컴에게 관심이 많군요. 그래요, 위컴의 불행이 대단했소!" 다아시가 경멸하는 투로 말했다.

p.86~87 "당신은 그분을 가난하게 만들었어요. 어떻게 그런 일을 할 수 있죠?" 엘리자베스가 소리쳤다.

"그러니까 당신은 나를 이런 식으로 생각하고 있군요? 하지만 만약 내가 당신 가족들에 대해서 너무 솔직하게 털어 놔서 당신의 자존심을 건드리지만 않았다면 당신은 이런 일들은 너그럽게 봐줬을 게요." 다아시가 말했다.

"잘못 아셨어요. 당신이 제 가족들에 대해서 어떤 식으로 말했든 그것과 상관없이 전 당신을 거절했을 거예요. 처음 만났을 때부터 전 당신이 오만하고 건방진 사람이라는 걸 알았고 당신을 알게 된 지 한 달도 안 됐지만 결혼하도록 설득당할 만한 남자는 절대 아니라고 느꼈어요!"

"당신의 마음을 잘 알았습니다. 공연히 시간을 낭비하게 해 드려 죄송합니다." 다아시가 차갑게 말했다.

이 말을 남기고, 그는 돌아서서 사제관을 나섰다. 엘리자베스는 혼란스러운 마음에 힘없이 주저앉았다. 다아시는 몇 달 동안이나 자신을 사랑하고 있었던 것이다! 그의 사랑이 너무나 지극해서 그녀의 신분 때문에 생기는 반대를 모두 극복했던 것이다. 잠깐 동안, 그녀는 자신이 그러한 사랑을 불러 일으켰다는 것에 우쭐하기도 했지만, 그의 혐오스러운 오만과 제인에 대한 배반, 위컴에 대한 잔인함은 재빨리 그에 대한 연민을 사라지게 했다.

p.88~89 다음 날 아침 엘리자베스는 자신을 새벽까지 침대에서 뒤척이게 만들었던 그 상념들에 시달리며 일어났다. 그녀는 생각을 떨치려고 정원을 걷고 있었는데 다아시가 그녀에게 다가오는 것이 보였다.

"부디 이 편지를 읽어 주시오." 그가 말했다.

그는 편지 봉투를 하나 건네고는, 가볍게 인사를 한 후 가버렸다. 즐거움을 기대하진 않았지만 강렬한 호기심이 생겨, 엘리자베스는 편지를 뜯어서 읽기 시작했다.

지난 밤 당신이 그토록 불쾌해 했던 내 감정을 이 편지를 통해 다시 말할 거라는 걱정은 안 하셔도 됩니다. 두 가지 이유로 날 비난하셨죠. 첫 번째는 내가 당신의 언니와 빙리를 갈라 놓았다는 것. 두 번째는 내가 위컴의 인생을 망쳤다는 것입니다. 당신을 이해시키기 위해 이제 내 행동과 그 행동의 동기를 설명해야겠습니다.

빙리가 언니 분을 만나고 얼마 후, 난 그 친구가 내가 예상했던 것보다 훨씬 더 깊이 그녀를 사랑하는 것을 알 수 있었습니다. 하지만 언니 분은 빙리를 사랑하는 것 같지 않았고, 둘이 헤어져서 언니 분이 상처를 받을 거라고 생각하지 못했습니다. 내가 잘못 알았다면 미안합니다. 언니 분이 빙리를 사랑하는 것을 알았다면, 난 이렇게 하지 않았을 겁니다.

그러나 내가 반대한 데는 다른 이유들도 있었습니다. 특히, 당신 가족들의 행동이 자주 당혹스러웠습니다. 당신과 언니 분만이 훌륭하고 분별 있어 보였습니다. 그러나, 난 여전히 내 행동이 옳았다고 믿습니다.

위컴에 대해서 말하자면, 그는 내 아버님을 도와 일하던 분의 아들입니다. 내 아버님은 위컴이 성직자가 되기를 바라셔서 학비도 대주셨죠.

`p.90~91` 훌륭하신 내 아버님은 5년 전에 돌아가셨고 유언장에 위컴이 성직자가 된다는 조건으로 그에게 생계를 제공하라고 명하셨습니다.

위컴은 성직 대신 돈을 요구했고, 난 위컴이 내 아버님의 유언에 있는 다른 조항을 모두 포기한다는 조건으로 돈을 주었습니다. 그는 이에 동의하였는데, 곧 돈을 모두 도박으로 날려 버렸습니다. 그러고는 날 찾아와서 내 아버님이 지원하기로 했던 생계 수단을 제공한다면 성직자가 되겠다고 말했습니다. 난 안 된다고 했고 그는 매우 화가 났습니다.

지난 여름, 내가 모르게, 그는 내 여동생 조지아나를 만나기 시작했고 동생은 위컴을 사랑하게 되었습니다. 동생은 위컴과 함께 도망가서 몰래 결혼하기로 약속했습니다. 당시 그 애는 열 다섯이었습니다. 다행히도, 도망가기 직전 내가 동생을 찾아갔고, 동생이 내게 모든 것을 털어 놓았습니다. 난 위컴에게 맞섰고 그는 어디론가 사라졌습니다. 그는 내 동생의 재산과 나에 대한 복수를 원했던 것입니다.

만약 이 내용의 진위 여부가 의심된다면, 피츠윌리엄 대령에게 물어보십시오.

안녕히.
피츠윌리엄 다아시 드림

`p.92~93` 엘리자베스는 착잡한 심정으로 편지를 읽었다. 우선, 그녀는 제인이 빙리를 사랑하고 있는 줄 몰랐다는 다아시의 말을 믿기 어려웠고, 그 다음에는 자신의 가족들에 대한 그의 생각에 화가 났고, 그리고 끝으로 위컴에 관한 대목에서는 소름이 끼쳤다.

'이 내용은 분명 가짜일 거야!' 엘리자베스는 생각했다.

그녀는 편지를 봉투에 넣었다가, 도로 꺼내서 위컴에 관한 대목만 다시 읽었다. 두 사람의 말은 유언에 관한 대목까지는 정확히 들어맞았다. 그 이후부터 둘의 말이 달랐다. 누군가 거짓말을 하고 있는 것인데, 누구일까?

엘리자베스는 위컴과 처음으로 나누었던 대화를 생각해 보았다. 이제 보니 잘 모르는 사람에게, 그것도 첫 만남에서 그녀에게만, 자신의 인생사를 털어 놓았다는 게 이상하게 여겨졌다. 다아시가 하트퍼드셔를 떠나자마자 그는 기다렸다는 듯 마을 사람들에게 다아시가 자신을 속였다고 말했다. 위컴에 대한 모든 것이 이제야 거짓으로 보였다.

이제 다아시의 성격을 알게 되었으므로 엘리자베스는 위컴이 주장했던 일을 다아시는 하지 않을 사람이라는 확신이 들었다. 그녀는 부끄러워졌다.

"내가 그토록 형편 없이 행동하다니! 내 판단을 지나치게 믿었고 허영에 눈이 멀었던 거야." 그녀는 소리쳤다.

그녀는 곧 다아시의 편지를 너무 많이 읽어서 외울 지경이 되었다. 그녀는 다아시의 애정에 감사하게 되었고 그를 존경하게 되었지만 그를 다시 보고 싶지는 않았다. 지난날의 행동이 너무 부끄러웠고 가족들의 행동도 마찬가지였다.

6장 | 깨달음을 준 여행

p.96~97 엘리자베스가 롱본으로 돌아갈 때가 되자, 콜린스 씨는 여러 번 연설을 했다. 샬롯은 자신의 삶에 만족하는 듯 보였지만, 엘리자베스는 다시 샬롯이 안쓰러워졌다. 엘리자베스는 집으로 가는 길에 런던에 있는 가디너 내외의 집에 들러 제인을 태우고 갔다. 그들이 롱본에 도착하자마자, 리디아는 연대가 브라이튼으로 이동한다고 알려 주었다. 리디아는 위로할 수 없을 만큼 슬픔에 잠겨 있었다.

그날 저녁, 엘리자베스는 제인에게 위컴에 대해 알게 된 것을 말해 주었다. 제인은 충격을 받았고 위컴이 마을을 떠나게 되었으니 그에 대해서는 비밀에 부치는 것이 최상이라는 점에 엘리자베스와 의견을 같이 했다.

연대가 떠난 후, 리디아와 키티는 시시덕거릴 장교들이 없으니 우울해졌다.

그러나 연대의 지휘관인 포스터 대령의 어린 아내, 포스터 부인이 리디아를 브라이튼에 초대하자, 그녀의 우울은 사라졌다. 리디아는 노래를 부르고 웃어 대며 집 안을 뛰어다녔고, 베넷 부인은 기뻐했다. 키티는 자신도 같이 초대되지 못한 것이 분했다.

엘리자베스는 아버지에게 리디아가 가는 것을 막아 달라고 청했다.

"리디아는 품행이 방정하지 못해요. 그 애는 자제하는 법을 배워야 한다구요." 엘리자베스가 말했다.

"리디아는 사람들 앞에서 웃음거리가 되어 봐야 예절 바르게 처신하게 될 거다. 아무도 그 애를 모르는 브라이튼에서 그러는 게 낫다." 베넷 씨가 대꾸했다.

"아버지, 아무도 리디아를 존중하지 않을 거고 자매들까지도 나쁘게 생각할 거예요. 사람들이 이미 그러고 있어요."

"이미 그렇다고? 너와 제인은 언제나 존중 받을 거다. 그렇지만 리디아가 브라이튼에 가지 않으면 집안에 평화란 없을 테고, 다행히, 리디아가 가난하니 돈을 노리고 결혼하려는 놈들의 목표물이 되지는 않을 거다."

p.98~99 크리스마스 때, 가디너 내외는 여름에 더비셔 지역으로 떠나는 여행에 엘리자베스를 초대했었다. 여행을 떠나기로 한 날이 빠르게 다가오고 있는데 가디너 부인에게서 한 통의 편지가 왔다. 가디너 씨가 처리해야 할 일이 있어서 출발 시기가 2주 이후인 7월로 미뤄지게 되었다는 것이다. 엘리자베스에게 시간이 지루하고 느리게 가는 듯 했지만 휴가 준비를 시작하면서 기분이 좋아졌다.

드디어, 가디너 내외가 롱본에 모습을 드러냈다. 엘리자베스와 가디너 내외는 여행을 떠나, 2주 동안 여러 멋진 곳을 구경했다. 여행의 마지막 주에, 외숙모는 다아시의 소유지인 펨벌리의 저택과 영지를 방문하고 싶은 소망을 비췄다. 가디너 씨는 찬성하면서 엘리자베스도 마찬가지로 다아시의 저택을 보는 데 관심이 있는지 궁금해 했다.

엘리자베스는 영지를 구경하는 동안 다아시를 만나게 될 거라는 생각에 괴로웠지만 다아시가 여름 내내 집을 비우고 있다는 확신이 서자 안심이 되었다.

다음 날 아침, 영지에 가까워지자 엘리자베스의 호기심은 점점 커졌다. 영지는 드넓었고, 그들이 한동안 마차를 몰고 가서야 계곡 반대 쪽으로 저택이 눈에 들어왔다. 저택은 크고 웅장한 석조 건물로 그 앞으로는 넓은 시내가 흐르고 있었다.

p.100~101 '내가 이런 곳의 안주인이 될 수도 있었다는 거지.' 엘리자베스는 생각했다.

그 순간 그녀는 다아시가 자신의 가족에 대해 어떻게 생각하고 있는지 생각났고 희미한 후회마저 순식간에 사라져 버렸다.

저택의 입구에서, 엘리자베스와 가디너 내외는 나이 지긋한 저택 관리인에게 집을 둘러봐도 되는지 물었다. 그녀는 고상한 가구가 갖춰진 넓은 방들로 그들을 안내했다. 엘리자베스는 창 밖으로 보이는 숲과 계곡의 멋진 전망에 마음이 즐거워졌다. 외숙모가 어떤 그림을 보라고 그녀를 불렀다.

저택 관리인이 말했다. "이분이 주인 어른인 다아시 씨랍니다."

엘리자베스가 그 그림을 바라보자, 다아시를 향한 마음이 누그러졌다. 다아시의 얼굴에는 그가 엘리자베스를 바라볼 때 흔히 짓곤했던 미소가 어려 있었다.

"리지야, 초상화가 그분과 닮았는지 말해 주겠니?" 가디너 부인이 말했다.

"아가씨께서 다아시 씨를 아시나요?" 저택 관리인이 말했다.

"조금요." 엘리자베스가 얼굴을 붉히며 말했다.

"참으로 잘생긴 분이라고 생각하지 않으세요?"

"네, 아주 잘생기셨어요." 엘리자베스가 말했다.

"다아시 씨는 훌륭한 주인이세요. 전 그분이 네 살이었을 때부터 봐 왔는데, 세상에서 가장 친절하고, 가장 너그러운 소년이셨답니다. 어떤 이들은 그분이 오만하다고들 하는데 저는 그리 생각지 않아요. 주인 어른이 다른 남자들처럼 수다스럽지 않아서 사람들이 그렇게 말하는 거죠."

저택 관리인의 말은 다아시를 아주 잘 알고 있는 사람이 할 수 있는 솔직한 칭찬이었다.

p.102~103 엘리자베스와 가디너 내외는 방문객들에게 공개되어 있는 방들을 모두 구경한 후, 저택 관리인에게 작별을 고하고 시내가 있는 쪽으로 한가로이 걸어가면서 영지의 아름다움에 감탄했다. 그들이 저택을 다시 보려고 몸을 돌렸을 때, 엘리자베스는 집주인이 모퉁이를 돌아 성큼성큼 걸어오고 있는 것을 보고 겁에 질렸다. 다아시는 겨우 20미터 거리에 있었고 그의 눈은 곧바로 엘리자베스의 눈과 마주쳤다. 그는 멈춰 서서 잠깐 동안 뚫어져라 바라보더니 그들에게로 다가왔다. 다아시는 친절하고 예

의 발랐고 엘리자베스의 가족에 대해
안부를 물었지만, 혼란스러운 표정
이 역력했다. 그녀는 무척이나 당
황스러웠고 감히 그를 쳐다볼 수도
없었다. 10분만 일찍 떠났더라면
좋았을 텐데!

다아시가 엘리자베스의 동행인
들에게 소개되기를 청하자, 엘리자베
스는 깜짝 놀랐다. 다아시가 그들과 함께 걷
기 시작하면서 그녀의 외삼촌과 낚시에 대해 얘기하자 엘리자베스의 놀라움은 가중되
었다.

잠시 후, 가디너 내외가 전망을 즐기려고 멈춰 섰고, 따라서 엘리자베스와 다아시는
계속 앞으로 걷게 되었다. 그녀가 다아시에게 그가 펨벌리에 없을 것이라는 말을 들었
다고 하자, 그는 예상보다 일찍 돌아오게 되었다고 설명했다.

그런 다음 그는 말했다. "제 여동생이 내일 도착합니다. 동생을 당신에게 소개해도
되겠소?"

엘리자베스는 이것이 대단히 영광스러운 일임을 알았기에 바로 허락했다.

p.104~105 엘리자베스는 다아시가 자신의 동생이 펨벌리에 도착한 다음 날쯤에나
그녀를 데리고 올 것으로 생각하고 있었기 때문에, 다음 날 아침에 다아시 남매가 여
관에 도착했을 때 깜짝 놀랐다.

다아시 양은 우아하고 매우 예의가 발랐지만 동시에 지나치게 수줍어했다. 엘리자
베스는 그녀의 과한 수줍음은 지나친 오만으로 쉽게 오해 받을 수 있을 거라는 생각이
들었다.

다아시 남매가 도착하고 잠시 후, 빙리가 방에 들어왔고 그는 평상시와 다름없는 다
정한 모습이었다.

그는 제인에 대해 물으며 한 마디 덧붙였다. "언니 분을 11월 26일 후로 못 뵈었네
요. 여덟 달 전이었죠."

엘리자베스는 빙리가 그렇게 정확하게 기억하고 있다는 것에 기분이 좋았다.

엘리자베스는 다아시가 그들 모두를 다음 날 펨벌리의 다과회에 초대하자 그의 솔
직하고 다정한 태도에 다시 한번 놀랐다.

그날 밤, 엘리자베스는 몇 시간 동안이나 잠들지 못하고 있었다. 그녀는 더 이상 다

아시가 믿지 않았다. 대신, 그녀는 다아시를 존경하게 되었고 자신을 아직도 사랑해 주는 것이 고마웠다. 엘리자베스는 그의 애정을 북돋아야 하는지, 만일 그렇다면, 어떻게 해야 하는 건지 궁금했다.

다음 날 오후에 엘리자베스와 가디너 내외가 펨벌리에 도착하자, 다아시 양이 그들을 맞아 주었다. 캐롤라인 빙리도 동석했는데 엘리자베스에게 말없이 무릎만 굽혀 인사했다.

다아시는 가디너 씨와 낚시를 하며 한동안 시간을 보낸 후, 숙녀들에게 왔다. 다아시는 엘리자베스와 자신의 여동생이 더 친해지기를 바라는 것이 분명했고, 이로 인해 캐롤라인은 화가 났다.

손님들이 떠난 후, 캐롤라인이 말했다. "오늘 아침 베넷 양은 너무 끔찍해 보였어요! 온통 볕에 그을린 데다가 피부도 거칠고 말이에요. 자칫하면 못 알아 볼 뻔했다니까요."

다아시 씨는 여름철에 여행하다 보면 햇볕에 타는 것이 당연하다고 태연하게 대꾸했다.

"그녀는 내가 본 중에서 가장 아름다운 여인이오." 그가 덧붙였다.

p.106~107 엘리자베스는 제인의 편지를 기다리고 있었는데, 다음 날 두 통의 편지가 동시에 도착하자 기뻐서 어쩔 줄 몰랐다. 첫 번째 편지는 짧았고 리디아가 위컴과 함께 부모의 결혼 동의가 필요하지 않은 스코틀랜드로 도망을 갔다고 써 있었다.

엘리자베스는 그 편지를 다 읽자마자 초조하게 나머지 편지도 뜯어보았다. 그것은 하루 뒤에 쓰여진 것이었다. 제인은 리디아와 위컴이 실제로 결혼을 한 것인지 아무도 모른다고 했다.

연대에 있는 한 장교가 무심코 말하기로는 위컴이 스코틀랜드에 가거나 리디아와 결혼할 의사가 전혀 없었다는 것이다. 포스터 대령이 사람들에게 물어서 리디아와 위컴이 런던에서 눈에 띈 적이 있다는 걸 알아냈다. 그와 베넷 씨가 두 사람을 찾고 있는데 가디너 씨도 급히 수색에 합류해 주어야만 했다.

"아! 외삼촌이 어디 계시지?" 엘리자베스는 이렇게 외치며 외삼촌을 부르려고 문으로 뛰어 갔다.

그녀가 문가에 도착하자, 문이 열리며 다아시가 안으로 들어왔다. 그녀의 창백하게 질리고 혼란스러운 얼굴에 다아시는 충격을 받았다.

"세상에! 무슨 일이오?" 다아시가 외쳤다.

"외삼촌을 찾아야 해요. 급해요." 엘리자베스는 말하면서 울음을 터뜨렸다.

p.108~109 다아시가 가디너 씨를 찾으라고 하인을 보내자 엘리자베스는 의자에 힘없이 주저앉았다.

"언니한테서 편지를 받았어요. 리디아가 위컴과 도망을 쳤다고 썼더라구요!" 그녀는 흐느꼈다.

"뭐라고요! 동생 분을 찾는 일이 어찌되고 있나요?" 다아시가 외쳤다.

"아버지께서 런던에 가셨대요. 외삼촌도 런던에서 아버지와 합류하셨으면 좋겠어요. 내가 식구들에게 위컴에 대해 말해 주기만 했어도, 이런 일은 일어나지 않았을 텐데!"

다아시는 대꾸를 하지 않았고 엘리자베스의 말을 듣는 것 같지도 않았다. 그는 찌푸린 얼굴을 한 채 일정한 걸음으로 방을 왔다 갔다 했다. 그녀는 즉시 그것이 의미하는 바를 알아챘다. 이런 집안 망신으로 인해 그들의 관계는 끝날 것이며 그녀는 그를 원망할 수도 없었다.

"여기 너무 오래 머무른 것 같소. 위로가 될 만한 일을 해 드리면 좋으련만." 다아시가 말했다.

그러더니 그는 이 일을 다른 사람에게는 비밀로 하겠다고 약속하고 행운을 빌어 준 후 떠나버렸다.

외삼촌과 외숙모는 돌아와서, 그 소식을 접하고 경악했다. 가디너 씨는 급히 런던으로 떠났고, 엘리자베스와 외숙모는 롱본으로 출발했다.

엘리자베스와 외숙모가 집에 도착해서 베넷 부인이 리디아의 도망 소식을 들은 후 신경쇠약으로 침대에 몸져누운 것을 알게 되었다. 베넷 부인은 눈물과 하소연으로 그들을 맞이했고, 모두들 그녀를 진정시키려 애썼다.

7장 | 참된 사랑의 승리

p.114~115 롱본에는 아무런 소식도 오지 않는 초조한 날들이 계속되었다. 결국 베

넷 씨는 가디너 씨가 런던에서 수색을 계속 하도록 남겨둔 후 되돌아 왔다. 그 다음 날 가디너 부인은 집으로 돌아갔다.

베넷 씨가 집으로 돌아온 이틀 후에 가디너 씨로부터 편지가 도착했다. 그는 만약 베넷 씨가 매년 리디아에게 백 파운드를 지불하기로 약속한다면 리디아와 위컴은 즉시 결혼식을 올릴 것이라고 썼다. 이것이 합리적인 해결책으로 보이니 베넷 씨가 동의하기를 바란다는 것이었다.

"너희 외삼촌이 이 일을 성사시키려고 우리 몰래 위컴에게 얼마를 지불했는지 궁금하구나." 베넷 씨가 말했다.

"무슨 말씀이세요?" 제인이 물었다.

"점잖은 남자 치고 연 백 파운드의 돈에 리디아와 결혼할 남자은 없을 게다. 리디아가 지금껏 위컴과 살았으니 더 이상 정숙한 여자는 아니지. 아무도 그 애와 결혼하려 들지 않을 테고, 위컴도 그걸 알고 있어. 위컴이 틀림없이 너희 외삼촌에게 돈을 요구했을 게야."

"맞아요. 외삼촌이 큰 돈을 줘야 했을 거예요." 엘리자베스가 말했다.

"그래. 만 파운드보다 적게 받으면 위컴이 바보지." 베넷 씨가 말했다.

"만 파운드! 맙소사! 그 반이라도 어찌 갚을 수 있을까요?" 엘리자베스가 외쳤다.

p.116~117 엘리자베스와 제인은 엄마에게 가서 편지를 읽어드렸다.

베넷 부인은 침대 커버를 치워버리면서 외쳤다. "내 딸 리디아! 열 여섯 살에 결혼하다니! 리디아와 위컴이 너무나 보고 싶구나! 키티야, 마차 좀 준비하거라. 이 좋은 소식을 온 동네에 알려야지!"

위컴과 리디아가 결혼한 후, 리디아는 롱본에 오고 싶어했다. 위컴이 북쪽에 있는 새로운 연대로 내쫓겨서 가는 중이었는데, 가는 길에 집에 들르고 싶어 했다. 베넷 씨는 둘을 보고 싶어하지 않기 때문에 거절했을 테지만, 엘리자베스와 제인이 베넷 부인을 위해서 둘의 방문을 허락하도록 아버지를 설득했다.

신혼부부가 도착하자, 베넷 부인은 리디아를 끌어 안았고, 위컴에게 정답게 미소를 지었다. 리디아는 전처럼 소란스럽고 제멋대로였으며 위컴은 마치 별다른 일

이 일어나지 않았던 것처럼 행동했다. 베넷 씨는 젊은 부부의 느긋한 태도에 분개했고, 엘리자베스와 제인은 그들의 파렴치함이 믿기지 않았다.

p.118~119 리디아는 자매들에게 자신의 결혼식 얘기를 해주겠다고 고집하다가 무심코 다아시가 결혼식에 참석했던 것을 누설하고 말았다.

"다아시 씨가 결혼식에 왔다고?" 엘리자베스가 물었다.

"어, 그래! 위컴과 같이 왔어. 맙소사! 그분 얘기는 하면 안 되는데. 비밀이라서 말 안 하기로 약속했는데." 리디아가 말했다.

"비밀이라면 더 이상 말하지 마." 엘리자베스가 호기심을 억누르며 말했다.

엘리자베스는 곧 자리를 떠나 자신의 방으로 갔다. 다아시가 왜 결혼식에 참석했을까? 이런 일은 그냥 넘길 수 없는 문제였다. 엘리자베스는 외숙모라면 뭔가 알 거라는 생각에 그가 결혼식에 참석한 이유를 아는지 묻는 편지를 썼다. 답장은 그 다음 날 도착했고, 엘리자베스는 서둘러 정원으로 나가서, 조용한 장소에 앉아 편지를 읽었다.

외숙모는 위컴이 엄청난 도박 빚을 피해 연대에서 도망쳤으며 리디아가 같이 가자고 졸랐다고 했다. 위컴이 처한 당장의 문제는 돈이 없는 것이었으므로 다아시는 위컴이 리디아와 결혼하면 돈을 주겠다고 나섰으며 둘은 합리적인 가격에 이를 때까지 협상을 했다. 다아시는 결혼식에 참석했고 후에 그들과 함께 저녁 식사를 했다. 그는 위컴의 잘못된 성격이 자신의 책임이기 때문에 젊은 부부를 도운 것이라고 주장했다. 하지만 그녀의 외숙모는 다아시가 그들을 도운 진짜 이유는 엘리자베스라고 믿고 있었다.

엘리자베스는 혼란스러웠다. 자신이 초라하게 느껴졌고 그에게 무례하게 굴었던 시간들이 후회스러웠다. 또한 그녀는 그가 이토록 신의가 있는 사람이라는 것이 자랑스러웠다. 다아시가 그녀의 가족을 돕기 위해 한 일은 너무 좋아서 믿기지 않을 정도였지만, 그녀는 다아시가 도저히 자신과 결혼하고 싶지는 않을 거라고 확신했다. 자신의 가족은 평판이 땅에 떨어졌을 뿐만 아니라 다아시는 결코 위컴의 동서가 되기를 바라지 않을 테니까.

p.120~121 베넷 부인은 리디아와 위컴이 떠난 후 며칠 동안 침울했지만 빙리가 네더필드에 돌아왔다는 소식에 우울함이 말끔히 사라졌다.

사흘 후에, 키티는 빙리가 말을 타고 다른 한 신사와 집 쪽으로 온다고 가족들에게 소리쳐 말했다. 엘리자베스는 창가로 가서 다아시가 빙리와 함께라는 것을 알게 되었다. 그녀는 얼굴이 붉어지며 언니 옆자리로 가서 앉았다. 그들이 도착했을 때 제인의 얼굴은 하얗게 질렸지만, 비통해 하지 않고 예의 바르게 두 사람을 맞아들였다.

엘리자베스는 자신의 엄마가 다아시의 면전에서 리디아의 결혼에 대해 언급하고 위컴의 성격을 칭찬하자 화가 났다.

방문은 짧았고 두 신사가 떠나자마자 제인은 엘리자베스에게 말했다. "난 마음이 아주 편해. 모두들 우리가 그냥 친구라는 걸 알 수 있을 테니까."

그 후 며칠 동안, 빙리는 몇 번, 늘 혼자서 방문했다. 하루는 그가 베넷 씨와 총사냥을 하고 집으로 와서 저녁을 먹었다. 저녁 식사 후, 제인과 빙리는 단둘이 시간을 가졌다.

그런 다음 빙리가 방에서 나와서 서재로 베넷 씨를 만나러 갔다. 빙리가 떠난 후, 제인은 눈물을 글썽이며 엘리자베스를 끌어안았다.

"정말 굉장해! 그분이 나에게 결혼해 달라고 해서 내가 좋다고 했어. 난 이런 행복을 누릴 자격이 없는데!"

엘리자베스는 그토록 몇 달을 가슴 졸인 후에 이리 신속하고도 쉽게 약혼이 이루어 졌다는 생각에 웃음이 나왔다.

p.122~123 제인과 빙리의 약혼이 이루어진 일주일 후, 캐더린 드 버그 부인이 갑작스럽게 롱본을 방문해서 엘리자베스와 단둘이 만나기를 청했다. 엘리자베스는 부인을 정원으로 안내했고, 방문한 목적을 듣게 되기를 기다렸다.

"베넷 양, 아가씨가 내 조카와 곧 결혼할 거라는 얘기를 들었어. 있을 수 없는 일이야. 꾸며낸 얘기야! 다아시는 내 딸과 약혼한 사이란 말이야." 캐더린 부인이 오만한 목소리로 말했다.

"거짓말이라고 믿으셨다면, 여긴 왜 오셨죠?" 엘리자베스가 말했다.

"이 소문이 확산되는 걸 막고 싶어서지. 자, 그 소문이 사실이 아니라고 말해."

"부인께서 이미 있을 수 없는 일이라고 하셨습니다."

"고얀 것 같으니라구! 약혼을 한 건가?" 캐더린 부인이 소리 질렀다.

"안 했습니다."

"그럼 절대 다아시와 약혼하지 않겠다고 약속하겠나?"

"그런 약속은 드릴 수 없습니다!"

"그러니까 결혼을 하겠다 이거군!"

"그렇게 말씀드린 적은 없습니다. 제 결정대로 할 거예요." 엘리자베스가 대답했다.

"그러니까 옳은 일을 하지 않겠다 이거군. 아가씨는 의무나 명예는 안중에도 없군. 아가씨는 돈도 없고 천한 태생에다 망신 당한 집안의 여자일 뿐이야. 다아시의 평판을 망치고 싶은 게로군. 난 절대로 다아시가 아가씨와 결혼하는 것을 허락하지 않아."

"저에게 더 이상 하실 말씀이 없으실 거예요. 이미 저와 제 가족을 모욕할 만큼 하셨으니까요." 엘리자베스가 말했다.

엘리자베스는 돌아서서 집으로 걸어갔다. 엘리자베스는 많은 시간이 흐른 후에야 진정이 되었다.

p.124-125 캐더린 부인이 방문하고 며칠 뒤, 다아시가 롱본에 찾아와서 엘리자베스에게 다른 사람이 없는 곳에서 얘기하고 싶다고 청했다. 그는 산책을 하자고 했고 엘리자베스는 그러자고 했다.

엘리자베스는 둘만 있게 되자 입을 열었다. "다아시 씨, 리디아 일에 호의를 베풀어 주셔서 감사드려요. 다른 가족들도 알면, 마찬가지로 감사드릴 거예요."

"당신을 위해서 그리 했소. 난 오직 당신만 생각했습니다." 그가 대꾸했다.

엘리자베스는 너무 당황하여 말이 나오지 않았고 너무 부끄러워서 다아시를 쳐다볼 수도 없었다.

잠시 후에, 다아시가 말을 이었다. "당신은 솔직하니까 날 가지고 놀지 않겠죠. 당신의 감정이 작년과 같다면 그렇다고 지금 말하세요. 내 감정은 변함이 없지만 당신의 말 한마디에 영원히 입을 다물겠습니다."

엘리자베스는 한동안 말이 없다가 자신의 감정이 완전히 바뀌었노라고 말했다.

다아시는 태어나서 이렇게 행복해 보긴 처음이었다.

"캐더린 부인께서 당신 집을 나선 후에 날 찾아와서 당신이 했던 말을 모두 전해 주셨소. 그래서 내가 희망을 갖게 된 거요. 만약 당신이 여전히 날 경멸했다면 절대 내 청혼을 받아들이지 않을 것임을 부인께 분명히 해 두었을 거라 확신할 정도로 난 당신을 잘 알고 있소." 다아시가 말했다.

엘리자베스는 웃으며 대답했다. "네, 그걸 알 정도로 저를 잘 아시네요."

"그리고 당신이 내게 한 말은 모두 당연한 것이었소. 난 오만하고 건방졌으며 당신이 아니었더라면 절대로 변하지 못했을 거요. 내 사랑 엘리자베스, 당신에게 큰 신세를 졌소."

p.126~127 그날 저녁, 엘리자베스는 행복하면서도 동시에 마음이 어지럽고 혼란스러웠다. 그녀는 자신이 다아시와 약혼한 것이 알려지면 가족들이 뭐라고 할지 예상하고 있었다. 결국, 그녀는 제인에게 자신의 마음을 털어 놓았는데, 제인은 처음에는 전혀 믿지 못하다가 따뜻하게 축하해 주었다. 엘리자베스는 다아시가 리디아의 결혼에서 한 역할을 더 이상 숨길 수 없어서, 그가 문제를 해결하기 위해 큰 돈을 썼다고 제인에게 말했다. 두 자매는 밤을 반이나 지새우며 얘기를 나눴다.

다음 날, 다아시는 베넷 씨를 만나러 서재로 갔고 다시 나타났을 때는 입가에 미소가 어려 있었다.

그는 엘리자베스에게 속삭였다. "아버님께 가 봐요."

엘리자베스는 자신이 다아시를 사랑한다는 걸 아버지에게 납득시키는 것이 어려웠다. 아버지는 그녀가 오로지 돈 때문에 결혼한다고 생각했다. 엘리자베스가 다아시의 본성과 그가 리디아를 위해서 한 일을 설명할 때는 눈물이 났다.

"음, 리지야, 만약 그 사람이 네가 말한 대로라면, 그는 널 얻을 자격이 있구나. 내 너를 축복해 주마." 그녀의 아버지가 말했다.

엘리자베스가 어머니에게 말을 꺼내자, 어머니는 깜짝 놀라 소리쳤다. "오, 우리 리지! 다아시 씨라니! 일 년에 만 파운드! 엄마는 너무 기뻐. 그분이 얼마나 매력적이더냐! 그렇게 잘 생기고 키도 그렇게 훤칠하고! 부탁이니 내가 전에 그분을 그렇게 미워했던 걸 그분께 사과드려라."

p.128~129 베넷 부인이 가장 자랑스럽게 여기는 두 딸을 결혼시키는 날은 행복했다. 그 후로 몇 달 몇 년 동안, 베넷 부인은 자랑스러운 마음으로 두 딸을 만나러 다녔다. 베넷 씨는 엘리자베스를 무척 보고 싶어했는데, 특히 펨벌리에 불쑥 방문하는 것을 즐겼다.

결혼 후, 빙리가 펨벌리 근처에 영지를 구입해서 제인과 엘리자베스는 무척 기뻐했다. 키티와 메리는 언니들을 자주 찾아 왔는데, 이로 인해 어린 동생들의 품행이 아주 개선되었다. 위컴으로 말하자면, 그는 절대 펨벌리에 초대되지 못했지만, 다아시는 엘리자베스를 위해서 위컴이 일자리를 얻도록 도와주었다. 또한 리디아와 그녀의 남편은 항상 돈에 쪼들렸기 때문에, 엘리자베스와 제인이 가끔씩 그들에게 돈을 보내 주었다.

다아시와 엘리자베스의 결혼은 행복하고도 사랑이 넘치는 것으로 드러났고, 자신의 아내와 펨벌리에서 같이 살게 된 조지아나가 친한 사이가 되자, 다아시의 만족감은 극에 달했다. 그리고 다아시와 엘리자베스는 가디너 내외와 가장 친하게 지냈다. 엘리자베스를 더비셔로 데려와서 두 사람을 맺어주는 매개가 되었던 가디너 내외에 대해 두 사람은 언제나 감사해 마지 않았다.